이 책을 읽으면 마음이 따듯해집니다. 위로와 격려가 됩니다. 교사의 사명, 자녀 양육의 책임을 포기하고 싶다가도 다시 소명을 발견하게 됩니다. 달팽이처럼 꼼지락거리며 다시 움직이게 됩니다. 그렇게 버티는 것이 은혜임을 깨닫습니다. 그렇게 함께 있는 것이 진정한 가르치심을 새삼스레 느낍니다. 제가 오랜 기간 지켜본 저자 김용재 목사는 정말이지 달팽이처럼 다음세대 사역의 길을 꾸준히 걸어가고 있습니다. 그가 동료 교사들에게 주고 싶은 가장 귀한 고백이 담긴 이 책은 책상 앞이 아니라 다세연 사역의 현장에서 온몸과 삶으로 써 낸 글입니다. 한 꼭지씩 읽어 가며 달팽이처럼 조금씩 걸음을 옮기다 보면 어느새 하나님 나라가 우리 앞에 성큼 다가와 있을 것입니다.

박상진 장로회신학대학교 교수, 기독교학교교육연구소 소장

제목에서 알 수 있듯 이 책은 좋은 교사를 만들기 위한 책이 아니라 좋은 교사를 돕기 위한 책입니다. 이 책을 선택한 당신은 이미 주님께서 세우신 좋은 교사일 것입니다. 이 책을 통해 당신은 먼저 그 사실을 확인하고, 다음으로 차츰 더 좋은 교사로 지어져 갈 것입니다. 좋은 교사는 좋은 교사가 알아봅니다. 그런 점에서 이 책을 만든 사람들 또한 좋은 교사들입니다. 하나님께서 그들에게 적잖은 시간 동안 다양하고 귀한 경험을 하게 하여 이 책을 낼 만큼 더 좋은 교사로 만들어 주셨습니다. 좋은 교사가 좋은 교사를 만나 더 좋은 교사로 함께 지어져 가는 것이 이 책을 추천하는 이유입니다.

최태하 창화교회 담임목사

다세연을 생각하면 가슴이 따듯해집니다. 다세연 사람들이 따듯한 가슴을 품고 있기 때문일 테지요. 따듯한 가슴으로 일하는 사람들이 좋은 책을 출판했습니다. 교사를 비롯해 다음세대를 섬기는 모든 양육자를 위한 책입니다. 그 따듯함이 이 책을 읽는 당신을 통해 아이들의 영혼과 생활 가운데 그대로 흘러갈 것입니다. 하나님께서 이 따듯한 책 한 권을 통해 다음세대를 섬기는 현장에 아름다운 일을 일으키시리라 믿습니다.

신도배 서울드림교회 담임목사

"아직도 교사 하세요?" 교회학교 교사라면 많이 들어본 질문일 것입니다. 듣기에 따라 여러 해석이 가능한데 '뭐 하러 그 일을 하는가?'라는 의미도 있겠고, '그 힘든 일을 어떻게 지금까지 계속해 왔느냐'며 격려하고 감사하는 의미도 있을 것입니다. 부모 또는 교회학교 교사라는 자리가 녹록치 않습니다. 이 책을 통해 그 자리에서 감당하는 사역이 얼마나 귀한지 함께 나누고, 때론 무거운 짐처럼 느껴지더라도 무한한 영광의 자리임을 발견하고 누리게 되기를 바랍니다.

왕동식 서울 YFC 십대선교회 대표

성도뿐 아니라 목회자 사이의 대화에도 탁월함, 비교경쟁, 효율성, 목회성공 등의 이슈가 만연한 오늘날입니다. 목회 현장을 배워 가고 목회 현실을 깊이 직시할수록 불안지수가 올라가고 숨이 막힙니다. 그런데 김용재 목사님을 만나면 막힌 숨이 트이는 것 같습니다. 교사라면 이 책을 읽는 가운데 혹시라도 막혀 있던 숨이 쉬어지고 하나님의 따뜻한 위로와 격려가 영혼에 내려올 것입니다. 목회자라면 교회학교 교사를 어떻게 바라보고 위로하고 격려할지 배우게 될 것입니다. 이 책에는 하나님의 마음과 시선이 담겨 있습니다.
홍승우 잠실교회 교육총괄 목사

대부분의 청소년 신앙교육이 믿음과 현실을 이분법적으로 이해하고 믿을 것을 가르치는 방식으로 이루어져왔습니다. 그러나 저자는 현실을 살아가는 믿음을 어떻게 균형 있게 전수할 것인지 방향을 제시합니다. 교사와 교역자와 부모에게 사명 의식을 일깨우고, 다음세대에겐 현실을 살아내는 믿음이 무엇인지 생각해 보게 합니다. 지난 15년 동안 저자를 곁에서 지켜봐 왔습니다. 때로는 이해할 수 없는 우직함이 답답하게 보였지만, 동시에 그 열심과 열정에 나 자신이 한없이 부끄러웠습니다. 저자는 기성세대의 막내가 아니라 다음세대의 형으로 살아가고 있습니다. 이것은 관념이 아니라 실제 시간이 빚어낸 결과입니다. 그렇기에 다음세대를 사랑하는 이들에게 기쁜 마음으로 이 책의 일독을 권합니다.
강은도 더푸른교회 담임목사

"버티는 것이 은혜다. 잘하고 있다. 잘될 것이다"라고 말하는 사람들이 있습니다. 그 사람들이 모여 소중한 책을 만들었습니다. 다음세대와 사역 현장의 교사, 학부모, 목회자를 위한 책입니다. 이 책을 보면서 문득 20여 년 전 처음 청소년들과 만났던 초짜 전도사 시절이 생각났습니다. 하루, 한 달, 한 해 눈물 날 때도 많았지만 어느 드라마 대사처럼 모든 순간이 주님께서 만나게 하신 학생과 교사, 학부모로 인해 눈부신 날들이었음을 고백하지 않을 수 없습니다. 같은 길을 걸어가고 있는 이들을 응원하고 축복합니다. 그리고 지금까지 잘 버텨 왔고, 잘하고 있고, 잘될 다세연에 감사의 마음을 전합니다.
황선욱 순복음분당교회 담임목사

『당신은 좋은 교사입니다』를 읽으며 마음 깊이 남는 단어는 '따뜻함'입니다. 한 영혼을 천하보다 귀하게 여기신다는 예수님의 말씀처럼 교사 한 명을, 친구 한 명을 귀하게 여기는 다세연 식구들의 마음이 전해집니다. 다음세대를 사랑하는 모든 이들이 새 힘을 얻기를 바라며 이 책을 추천합니다.
노희태 서빙고 온누리교회 차세대 본부장

숨겨둔 마음, 상처난 마음을 들킨 것 같아서 흠칫 놀랐지만 있는 모습 그대로 받아들여 주는 것 같아서, "당신의 마음은 옳다"라고 말해 주는 것 같아서 (글을 읽으며) 참 좋았습니다. 아이들을 만나는 모든 어른들이 함께 읽고 나누며 서로의 곁을 내어 주기를 기대해 봅니다. 봄 햇살을 받아 부드럽고 따듯해진 토양 속에 작은 씨앗이 뿌려졌습니다. 그 씨앗을 정성스레 북돋는 마음으로 함께 읽고 싶습니다.

김혜경 송학대교회 다음세대 담당 목사

"그가 주목하여 보더니 나아서 모든 것을 밝히 보는지라"(막 8:25). 벳세다 맹인의 치유 사건 뒤에는 그를 예수님께로 인도해 온 사람들이 있었습니다. 그들이 사랑으로 행한 수고로 맹인은 눈을 뜰 수 있었습니다. 그런 점에서 이 책은 우리를 예수님 앞으로 인도합니다. 우리의 눈을 씻어 하나님의 눈으로 나, 너, 그리고 세상을 바라보게 합니다. 책을 읽는 내내 우리 눈을 어루만지시는 예수님의 손길을 경험하게 될 것입니다. 밝히 보는 자가 되어 우리의 아이들을 예수님께로 인도할 수 있기를 바랍니다.

박신애 높은뜻우신교회 다음세대공동체 담당 목사

언젠가 그날이 와서 주님 앞에 서면 꼭 듣고 싶은 말이 있습니다. "당신은 좋은 교사입니다." 아이들과 함께 놀며 뛰고 뒹굴던 시간을 그분이 셈하시는 날, 이 한마디를 들을 수 있다면 더할 나위 없이 행복할 것 같습니다. 그런데 이 책을 읽는 동안 다양한 상황과 낯선 사람들이 불쑥불쑥 나타나 제 어깨를 두드리며 제게 따뜻한 음성으로 말해 주었습니다. "당신은 좋은 교사입니다." 주님께서 조금 급하셨나 봅니다. 그날이 오기 전에 제게 이렇게 말씀해 주실 줄 미처 몰랐습니다.

신기원 밀알두레학교 교목

좋은 교사가 되고 싶어 교회학교에 몸담고 있지만 보람보다는 부담이 클 때가 많습니다. 주일이 다가오는 것이 부담되고 아이들을 만나는 것도 부담될 때가 있습니다. 이렇게 굳어 버린 마음을 여는 것은 음성입니다. 하나님의 음성이고, 아이들의 음성이고, 함께 섬기는 선생님들의 음성입니다. 이 음성을 들으면 교사는 다시 일어설 수 있습니다. 이 책은 그 음성을 모아 "당신은 좋은 교사입니다"라고 들려주는 소중한 책입니다.

나성주 안산동산교회 교회학교 담당 목사

영혼의 교사로서 무엇을 움켜 쥐고 버티고 있습니까? 이 책은 우리 아이들의 영혼을 돌보는 교사가 어떻게 존재의 울림이 있는 삶을 살아야 하는지 소명을 일깨우고 영혼의 회복을 독려합니다. 한 영혼을 위해 고뇌하는 선생님들과 신앙의 부유함을 다음세대와 함께 누리길 원하는 모든 이들에게 일독을 권합니다.
정병석 그루터기하우스 대표

김용재 목사님은 다음세대가 하나님 안에서 잘 성장하고 하나님이 기뻐하시는 삶을 살아가도록 돕겠다는 사명을 가지고 수년간 교육 현장에서 어린 한 영혼, 한 영혼을 품고 기도하며 양육해 왔습니다. 그동안 쌓여 온 살아 있는 지혜를 이 책에서 함께 나누게 되어 반갑고 감사합니다. 이 지혜가 다음세대를 위해 헌신하는 모든 이들에게 희망이 되고 좋은 지침이 되기를 기도합니다.
지대영 1982년부터 교회학교 교사로 섬기고 있는 ㈜그랑블루 대표

'교사'라고 쓰인 자리에 '부모'를 대신 넣어 이 책을 읽으니 오롯이 나를 향한 말씀이 됩니다. 씨름판에서 상대 선수를 대하듯 싸워 이기리라는 생각으로 자녀를 대하던 마음이 가라앉고, 나를 향한 조용한 속삭임이 들립니다. "당신은 소중한 사람입니다. 잘하고 있습니다." 이제 샅바를 풀고 자녀들을 대할 수 있는 용기가 생깁니다.
김은영 사춘기 두 아이의 엄마, 숲속샘터교회 집사

당신은 좋은 교사입니다

당신은 좋은 교사입니다

초판 1쇄 • 2020년 4월 20일
초판 6쇄 • 2023년 5월 30일

엮은이 • 김용재
펴낸이 • 신은철
펴낸곳 • 좋은씨앗
출판등록 • 제4-385호(1999. 12. 21)
주소 • 서울시 서초구 바우뫼로 156, MJ 빌딩 402호
주문전화 • TEL 2057-3041 FAX 2057-3042
페이스북 • www.facebook/goodseedbook

ISBN 978-89-5874-335-4 03230

신저작권법에 따라 보호받는 저작물이므로 무단 전재와 복제를 금합니다.

하나님을 만나는 아이들의
성장 여정에 함께하는 사람

당신은 좋은
교사입니다

김용재

들어가며

대학교 1학년 여름방학, 교회 뒷마당에서 어슬렁거리는 내게 당시 유치부를 담당하던 윤여희 전도사님이 말씀하셨다. "용재 선생님, 우리 여름성경학교 하는데 캠프파이어 장작 좀 패 줄 수 있어요?" 별로 할 일도 없던 터라 흔쾌히 그렇게 하겠다고 대답했다. 열심히 장작을 패고 있는 내게 전도사님은 음료수를 건네며 말씀하셨다. "우리 여름성경학교가 3일 동안 진행되는데 일이 많아요. 좀 도와줄 수 있어요?" 별로 할 일도 없던 터라 흔쾌히 그렇게 하겠다고 대답했다. "정말요? 정말이죠? 아, 진짜 너무 고마워요." 얼굴과 이름만 알던 청년이 흔쾌히 돕겠다고 대답하니 놀라신 것 같았다. 사실 그때 다른 사람의 요청을 그토록 쉽게 받아들이는 나 자신에게 나도 놀랐다.

자신감이 생긴 전도사님은 여름성경학교를 마치고 말씀하셨다. "용재 선생님, 유치부 보조교사 하세요." 이번에도 나는 "네!"라고 대답했다. 그리고 다음 주부터 친구 준식이와 함께 유치부 보조교사가 되었다. 아이들의 간식을 사서 출석부와 소그룹 용품이 든 작은 상자에 담는 일을 했다. 예배가 끝나면 소그룹 활동을 하러 흩어진 각 반에 그 상자를 나눠 주었다. 그렇게 한 시간 정도 열심히 일하고 나면 전도사님을 비롯해 모든 선생님들이 "청년 선생님이 들어온 후로 우리 부서가 너무 좋아졌어요"라고 칭찬해 주셨다. 나는 칭찬 듣는 게 좋아서 몇 년을 그렇게 보조교사로 섬겼다.

나중에 신학대학원에 가고 모교회인 장석교회에서 초등부를 담당하게 되었다. 초등부 교사는 60여 명 정도였다. 대부분이 선배님들이었고 심지어 내가 초등부, 중·고등부이던 시절에 나를 가르친 선생님도 계셨다. 초등부 교사 모임에 처음 참여할 때, 부서실 문으로 들어서는 내게 박형식 부장 장로님이 벌떡 일어나 90도로 허리를 숙여 인사하셨다. "김용재 전도사님, 어서 오세요. 환영합니다." 어리둥절한 나는 어쩔 줄 몰라하며 초등부 담당 교역자 역할을 하기 시작했다. 보조교사 경력이 전부인 내가 한 부서를 담당한 것이다.

당시 신학대학원 6개월짜리 전도사는 '나는 주님께 부름 받은 종이다'라는 생각에 너무 진지(?)하게 몰입했다. 그래서 교사들을 잘 가르치고 바르게 인도해야 한다는 부담감을 갖고 말았다. 나보다 훨씬 경험이 많고 가만둬도 잘하실 선생님들에게 하나님의 뜻이라는 명분으로 기획서를 쓰게 하고 그대로 진행하게 하고 평가하게 했다. 더 잘하려면 이렇게 저렇게 해야 한다고 가르쳤다. 아, 정말이지 지금 생각해도 얼굴이 붉어진다. 그때 꾹 참아 주신 선생님들이 그저 고마울 따름이다.

NECTAR(청소년 학원선교단체)에서 청소년 학원 선교사로 파송을 받았다. 학교에서 복음을 전하고, 관심을 보이는 아이들을 교회에 연결하는 일을 했다. 사역 특성상 평일에는 중·고등학교 기독교사를 만났고, 주말에는 교회 중·고등부 교사를 만났다. 그제서야 조금씩 알게 되었다. 학교든 교회든 교사들이 얼마나 진지하게 최선을 다하는 사람들인지……. 그들은 아이들이 잘 자라도록 돕기 위해 온 힘을 다하고 있었다. 그것은 내게 새로운 세상을 만나는 듯한 경험이었다.

소망교회에서 중·고등부를 담당하면서 비로소 나는 교사들이 들려주는 이야기에 귀 기울이기 시작했다. 선생님들이 마음속에 품고 있는 이야기가 더 듣고 싶어 질문했다.

"선생님은 어떤 사람이 되고 싶으세요?"

"선생님은 아이들이 어떤 사람이 되기를 바라세요?"
"선생님은 우리 부서가 어떤 분위기가 되면 좋겠어요?"
"선생님은 아이들과 어떻게 지내세요?"
"선생님은 동료 선생님들과 어떻게 지내세요?"
"선생님이 만난 아이들은 어떤 문제로 고민하고 있나요?"
"선생님은 그 아이들을 어떻게 돕고 싶으세요?"
"선생님은 목회자에게 어떤 도움을 받고 싶으세요?"

이 책에는 선생님들에게 했던 질문과 그 질문에 답한 그분들의 지혜가 담겨 있다. 한 기독 주간지에 6개월 동안 연재한 스물네 꼭지의 글에 여섯 꼭지를 더해 서른 꼭지의 몸글을 만들었다. 여기에 동역자요 친구요 이제는 가족 같은 이지원 목사가 여덟 꼭지의 몸글을 더했고, 역시 가족 같은 김지용 목사와 황신희 전도사가 열 꼭지의 몸글을 더했다. 그렇게 총 마흔여덟 꼭지의 몸글이 마련되었다.

다른 이들의 글은 몰라도 내가 쓴 서른 꼭지의 몸글은 마른 뼈다귀 같았다. 그 글들에 다세연 교회교육 연구실 식구들이 지난 몇 년 간 공들여 생기를 불어넣는 작업을 했다. 이지원 목사는 독자들이 몸글을 읽은 다음 생각을 나누고 넓히며 실천에 옮길 수 있도록 돕는 질문을 만들었다. 워크숍

자료로 활용하면 좋다. 이다롱 집사는 적용 질문 다음에 들어가는 한 줄의 고백 글을 썼다. 독자들은 나지막히 이 고백을 따라 읽으며 다시 한번 소박하지만 깊은 다짐을 하게 될 것이다. 김지용 목사는 신앙 선배들이 드린 기도문을 한 줄씩 소개했다. 독자들이 스스로 한 고백과 다짐을 하나님께 올려드리는 데 도움이 될 것이다. 기도문을 사용할 수 있도록 허락해 준 삼인출판사와 이현주 목사님에게 감사의 마음을 전한다. 마지막으로 황신희 전도사는 현장에서 아이들을 양육하며 어려움을 느끼는 교사들의 실제 고민을 정리하여 부록으로 담았다. 하나님의 마음과 생각이 담긴 길을 찾아가는 데 하나의 지표가 될 것이다.

꽃처럼 향기롭고 별처럼 빛나는 다음세대 우리 아이들의 아름다운 성장 여정에 걸음을 맞추어 함께 걷고 있는 교사, 부모, 목회자 한 분 한 분을 진심으로 응원하고 축복한다.

달팽이처럼

하루 종일 꼼지락거려도 제자리인 달팽이
작은 손길에도 파르르 서리치는 달팽이
자기 몫의 꼼지락을 포기하지 않는 달팽이

다음세대를 섬기는 사람들
부모, 교사 그리고 목회자는 달팽이 같은 사람들
다음세대를 돕기 위해 파르르 서리치는 사람들

아무리 애써도 변화 없는 아이들
아무리 다가서도 멀어지는 아이들
기도로만 만질 수 있는 아픈 영혼의 아이들

아이들의 아픔을 제 탓하는 부모
아이들의 혼란을 제 탓하는 교사
아이들의 탄식을 제 탓하는 목회자

한 영혼을 붙들고 하나님 나라를 이루어 가기 위해
눈물의 씨앗을 심고 있는 사람들

달팽이처럼 꼼지락거리는 당신에게
다세연이 들려 드릴 이야기가 있습니다
아마도 주님이 하시는 말씀일 듯합니다

"버티는 게 은혜입니다"
"잘하고 계십니다"
"잘될 겁니다"

다. 세. 연. 은
다음세대를 섬기는 사람들,
한 영혼을 붙들고 하나님 나라를
꿈꾸는 사람들을 응원합니다.

달팽이처럼

일러두기

◎ 이런 마음으로 만들었습니다

아이들은 내적 변화와 외적 문제로 혼란을 겪고 있습니다. 그런 혼란 가운데 어른이 되어 가는 우리의 소중한 아이들입니다. 나도 나를 포기하고 싶을 때가 많은데 그런 나를 포기하지 않고 곁에서 버텨 주는 교사, 부모, 목회자를 통해 아이들은 하나님에 대한 힌트를 얻습니다. 하나님을 만나는 아름다운 성장 여정에 함께할 '그 한 사람'으로 하나님께서 불러 주신 분들이 바로 교사, 부모, 목회자입니다. 거룩한 부르심에 초대된 그분들을 응원하고 싶습니다. 아이들을 좀더 가깝게 이해하면서 소통하도록 돕고 싶습니다. 하나님의 사람으로서 그분들 자신 또한 함께 행복하게 자라가도록 돕고 싶습니다. 주님의 마음으로 다음세대 곁에서 버티는 분들을 축복하고 싶습니다.

◎ 이렇게 사용되기를 원합니다

책 제목은 '당신은 좋은 교사입니다'지만 교사, 부모, 목회자가 다음세대 아이들을 이해하고 양육하는 데 실제로 요긴한 도움이 되기를 바랍니다. 교회 내에서는 교사 교육, 부모 교육, 다음세대를 위한 기도회, 독서 모임 등에서, 교회 밖에서는 교사 모임, 학부모 모임 등에서 사용되기를 바랍니다. 온라인, 오프라인을 통해 현장에서 책을 어떻게 활용할 수 있는지 나누는 장을 마련해 보려 합니다.

◎ 이렇게 구성되어 있습니다
- 대문글　주제에 따라 아홉 개의 묶음이 있습니다. 묶음마다 전하고 싶은 메시지를 짧은 글에 담았습니다.
- 장별 글　몸글-달팽이처럼-한 줄 글-한 줄 기도로 구성되어 있습니다. '몸글'은 주제에 따라 나누고 싶은 주 내용입니다. '달팽이처럼'은 몸글을 읽고 생각해 볼 수 있는 질문입니다. '한 줄 글'은 각 장을 마친 독자의 한 줄 고백과 다짐의 글입니다. '한 줄 기도'는 내용에 비추어 하나님께 드리는 신앙 선배들의 기도문입니다.
- 부록　'이럴 때는 요렇게'는 아이들을 사랑하는 마음으로 양육하면서 부딪히는 여러 문제와 자기 정체성에 대한 교사들의 실제 고민을 예시로 정리한 것입니다. 개개인이 가지고 있는 고민이나 함께 나누고 싶은 문제들을 직접 정리하면서 '나의 이럴 때는?'을 찾아보도록 안내합니다.

차례

들어가며 9 / 달팽이처럼 14 / 일러두기 16

◎ 부르심 21
부르심, 지금이 그때다 / 혼란, 이 역시 하나님이 일하시는 때 / 은혜, 그저 버티기

◎ 표상 35
영적 성장, 주님을 사랑하는 삶 / 지적 성장, 지혜를 사랑하는 삶 / 정서적 성장, 자신을 사랑하는 삶 / 사회적 성장, 사람을 사랑하는 삶 / 신체적 성장, 일상을 사랑하는 삶 / 가정, 성숙함을 품은 자리 / 교회, 예배가 깊어지는 자리 / 일터, 소명에 응답하는 자리 / 이웃, 우리 곁을 나누는 자리 / 세상, 고백이 확장되는 자리

◎ 삶의 자리 77
생존, 가장 큰 기적 / 일상, 질풍노도의 시기 / 양육자, 아이를 비추는 거울 / 진로, 영적 자긍심 / 성적, 성실로 넘는 허들 / 친구, 또 다른 자기 정체성 / 외모, 영혼의 등불 / 성격, 받아들여야 할 멍에 / 스마트폰, 소통을 위한 장기

◎ 성경적 메시지 115
믿음, 언약을 신뢰하기 / 영성, 주님의 눈으로 보기 / 지성, 세상에서 주님 읽기 / 정서, 자기를 받아들이기 / 관계, 상대를 위해 내가 성장하기 / 생활, 성장을 위한 질서 세우기 / 순종, 자유로 들어서는 통로 / 소망, 부르심에 나답게 응답하기

◎ **교사상**　**149**
소망을 품은 사람 / 중요한 사역을 함께하는 사람 / 한 번 권면을 위해 존재를 품는 사람 / 사소한 부분까지 살피는 사람 / 람보처럼 찾아가는 사람

◎ **공동체**　**171**
동역자와 우정 가꾸기 / 공동체 토양 가꾸기

◎ **관계 맺기**　**181**
거리 두기 / 호흡하기 / 좋게 보기 / 미소 짓기 / 대화하기

◎ **건강한 토양**　**203**
교회는 따듯하다 / 교회는 안전하다 / 우리를 소중히 여긴다 / 메시지가 복음적이다 / 교회가 이웃을 위해 존재하다 / 의미 있는 봉사를 할 수 있다

◎ **부록**　**229**
이럴 때는 요렇게

마무리하며　240

부르심

나와 함께 일하고 싶어 하시는 하나님,
그분 안에서 버티는 게 은혜입니다.

부르심, 지금이 그때다

힘이 없고 부끄럽다면, 지금이 주님께서
당신을 교사로 부르시는 순간이다.

한 해 동안 교회학교에서 열심히 섬긴 선생님 한 분이 다가와 머뭇거리더니 어렵게 입을 뗀다. "목사님, 저…… 내년에 교사 못해요."
"무슨 사정이 있으세요?"
"저는 교사 자격이 없어요."
"그건 저도 알아요."
"네?!?!"
당황한 선생님에게 나는 이렇게 덧붙인다. "저도 자격이 없지만 목사 일 하고 있잖아요. 그건 그렇고 갑자기 그만두시려는 이유가 뭔지 말씀해 주세요."

부지런한 선생님은 10월 중순, 일반적인 선생님은 11월 중순, 성격이 느긋한 선생님은 12월 중순쯤 교역자실 문을 두드린다. 그리고 더 이상 기어들어 갈 데가 없을 만큼 작은 목소리로 교회학교 교사직을 그만두고 싶다고 말한다. 이유를 묻는 내게 선생님은 어렵사리 속내를 털어놓는다. "처음엔 아이들을 위해 기도를 많이 했어요. 이름만 불러도 눈물이 나고 거리에서 또래를 보면 가슴이 설레었고요. 토요일 밤엔 다음 날 만날 아이들 생각하면 잠도 잘 안 올 정도였어요." 정말 그랬던 것 같다. 말투와 눈빛에서 진심이 묻어난다. "그런데 요즘은 아이들을 위해 기도도 잘 안 해요. 어떨 땐 이름도 생각이 안 나요. 이제 토요일 밤엔 반응 없는 아이들을 만날 생각하면 가슴이 답답해져 잠이 안 와요."

그런 상황이 충분히 이해된다. 나도 겪어 보았다. 회사일로 출장 가신 선생님을 대신해 소그룹에 들어갔다가 '안물', '안궁', '노답'인 아이들을 앞에 두고 시간이 안 가서 애먹은 적이 있다. 그러고 보면 우리 선생님들이 참 귀하다. 예전 같지 않게 식어 버린 마음으로 아이들 앞에 서는 걸 못 견디는 것이다. 엄마들이 어떻게든 아이들에게 따뜻한 밥을 챙겨 주려고 애쓰는 것처럼, 우리 선생님들은 아이들에게 한 번이라도 더 하나님의 뜨거운 사랑을 전해 주고 싶은데 처음 같지 않은 자신이 부끄럽고 미안해서 '더 이상 못하겠다'고 한다. 너무 사랑하기에 오히려 다 그만두고 싶을 때가 있지 않은가?

예수님의 제자들이 생각난다. 부르심을 받고 3년 동안 예수님과 동거했던 그 사람들. 어쩌면 말투, 표정, 행동, 즐겨 사용하는 단어, 사람을 대하는 태도, 일처리 방식 등 모든 게 예수님을 닮아 가기 시작했을 그 사람들. 예수님이 어찌나 좋은지 목숨 걸고 따르겠다고 장담하던 사람들. 그들이 모두 도망쳤다. 예수님의 십자가 앞에서.

예수님께서 부활하신 다음에 제자들에게 찾아가신다. 디베랴 바닷가에도 찾아가 옛 생활로 돌아간 그들에게 말씀하신다(요 21장). "요즘 잘 지내?" "밥은 먹고 다니니?"

손수 준비한 음식을 나눈 후에 물어보신다. "베드로야, 너 나 사랑하지? 여전히."

베드로가 대답한다. "네, 주님. 주님을 많이 사랑합니다."

그때 주님은 말씀하신다. "내 양을 잘 부탁한다."

주님은 제자들이 자신의 연약함 때문에 부끄러워할 때, 가장 힘이 없을 때, 더 이상 자부할 게 없는 바로 그때 그들을 동역자로 부르신다. 힘이 없고 부끄럽다면 지금이 주님께서 당신을 교사로 부르시는 순간이다.

◎ **달팽이처럼**

1. 최근에 교사로서 힘이 없고 부끄럽다고 느낀 적이 있나요?

2. 그런 내게 주님이 찾아오신다면 뭐라고 말씀하실까요?

3. 나를 격려하는 한마디를 적어 보세요.

> 힘이 없고 부끄럽다면,
> 지금이 나를 부르시는 순간이라는 것.
> 다. 시. 용기 내보겠습니다.

받아 주소서, 주님, 제 모든 자유와 기억과 지능과 의지와, 제게 있는 모든 것을 받아 주소서. 주께서 제게 주신 것들입니다. 이제 그것들을 모두 당신께 돌려드립니다.
^ 이그나티우스 로욜라

혼란, 이 역시 하나님이 일하시는 때

혼란은 아이들을 하나님 앞으로 인도하는
징검다리 중 하나다.

"교회 선생님들 월급 받아요?" 한 고등학생이 물었다. "아니!"라고 대답하자 아이는 놀라서 다시 물었다. "그런데 왜 우리한테 그렇게까지 해요? 왜 그렇게 신경을 써요?"

글쎄, 왜 그렇게 하실까? 이번엔 내가 선생님들에게 물었다. "선생님은 바라시는 게 뭐예요?" 많은 분들이 "내가 믿는 예수님을 아이들도 믿길", 그다음으로 "내가 받은 하나님의 사랑을 아이들이 더 많이 받길", 마지막으로 "잘 자라서 하나님 나라를 위해 제 몫을 감당하길" 바란다고 대답했다. 그 외에는? 아무것도 바라는 게 없단다.

우리 선생님들 참 귀한 분들이다. 교사는 그저 아이들이 믿음 안에서 잘 자라나는 모습을 바라보는 것만으로도 행복한 사람들이다. 그래서 더 속상하고 종종 '그만두고 싶다'는 마음이 드는지도 모른다. 매 주일 교회에 와서 아이들의 모습을 보면 도무지 뭘 배우고 있다든지 자라고 있다든지 하는 느낌이 들지 않을 때가 많기 때문이다.

"소그룹 시간에 정신이 하나도 없어요. 스마트폰 들여다보는 아이, 모자 눌러 쓰고 음악 듣는 아이, 아무리 불러도 대답 없는 아이, 갑자기 일어나 화장실 가는 아이 등 제각각이에요." 아이들의 성장을 위해 정돈된 자리에서 정리된 내용을 전달하고 싶은 마음이 간절한 교사들은 무력감에 젖어든다. '내가 교사 맞나?', '이러려고 교사 하나?'라는 생각마저 든다.

'과도기적 혼란'. 그렇다. 청소년은 어린아이에서 어른으로 자라나는 혼란의 시기를 거치고 있다. 부모와 함께 살면서 익힌 세상살이 방식으로는 해석되지 않는 더 큰 세상을 만난다. 그러한 세상살이 방식으로는 해결할 수 없는 더 복잡한 일을 만난다. 지금까지 만나고 있는 줄 알았던 하나님이 어느 날 문득 생소하게 느껴지고, 집처럼 친숙하던 교회가 영어색하며, 어른들에게 들은 성경 이야기를 그대로 믿어 온 자신이 우스워진다. 그러한 스스로에게 느끼는 생경함에 당황

한다. "내 마음 나도 몰라"는 유행가 가사에만 해당하지 않는다. 이것은 혼란스러워 이리저리 몸부림치는 아이들에게 깊이 뿌리내린 정서다.

하나님은 왜 청소년들이 '과도기적 혼란'을 겪도록 삶을 디자인하셨을까? 사무엘은 깊은 밤 하나님의 부르심에 응답하기 위해 엘리의 품을 떠나야 했다(삼상 3장). 마찬가지로 우리 아이들은 하나님의 부르심에 홀로 응답하기 위해 부모의 품을 떠나야 한다. 미지의 세계를 향해 홀로 여행해야 한다. 몸집이 커지고 아는 게 많아지고 용돈도 비교적 더 받는 청소년 시기가 되면 뭐든 못할 게 없을 것 같지만, 막상 하려면 혼자 할 수 있는 일이 별로 없다. 덜컥 겁도 난다. 둘러보면 의지할 데가 없다. 그럴 때 방황하던 아이들은 '오, 주님!' 하며 다시 하나님을 찾게 된다.

혼란은 아이들을 하나님 앞으로 인도하는 징검다리 중 하나다. 정돈되지 않고 산만하고 소란스러운 아이들 앞에서 '정신이 하나도 없네. 나 지금 여기서 지금 뭐하고 있는 거야'라는 생각이 드는 선생님은 기억하시라. 지금 하나님께서 일하고 계신다.

◎ 달팽이처럼

1. 교사로서 가장 혼란스럽고 속상한 순간은 언제인가요?

2. 지금 함께하고 있는 아이들은 어떤 혼란을 겪고 있나요?

3. 혼란스러운 교사(나)와 아이들 속에서 일하고 계시는 하나님의 흔적을 찾아보세요.

> 지금 이 혼란 속에서도 일하시는 하나님과 함께 일하겠습니다.

무서운 시절의 소란이 끝나면 우리에게 확신의 시절을 주소서. 이 오랜 어둠 속 방황이 끝나면 우리로 하여금 밝은 햇빛 아래로 걷게 하소서. ^ 디트리히 본회퍼

은혜, 그저 버티기

교사는 버티는 사람이다.
은혜는 그저 버티는 것이다.

"정말 이상해요. 교회 아줌마랑 아저씨들 너무 가식적인 거 같아요." 교회에 처음 나와서 꽤 적응을 잘하는 것처럼 보이는 아이가 내게 한 말이다.

"왜 그런 생각이 들어?"

"나를 처음 봤는데 사랑한다고 하잖아요. 부모님도 나를 안 좋아하는데……. 나랑 살아 보면 그런 말 못할 텐데……. 하여튼 나를 잘 알지도 못하면서 자꾸 나만 보면 사랑한다, 축복한다 하니까 전 좀 그래요."

교회에 처음 나온 아이는 그렇다 치고 어릴 적부터 교회에서 자란 아이들은 어떨까? 다르면 좋겠지만 모두는 아니어도 반응은 대략 비슷하다. 새 학년이 시작되고 첫 주일, 선생님과 아이들이 처음 만나는 시간은 아무래도 어색하다. 선생님은 자신을 통해 아이들이 하나님의 사랑을 조금이라도 볼 수 있길 기대하며 애쓴다. "여러분 반가워요. 여러분 생각하며 기도 많이 했어요…… 참 보고 싶었어요. 사랑하고 축복합니다." 따뜻한 표정, 부드러운 음성, 축복송, 간식과 손편지까지 아이들에게 사랑을 표현할 수 있는 방법을 총동원한다.

하지만 아이들이 그런 마음을 알 리 없다. "나를 잘 알지도 못하면서 왜 자꾸 사랑한다고 하지?" 진심을 몰라 주고 궁시렁거리는 아이들 앞에서 선생님은 힘이 빠진다. 그래도 버텨야 한다. 우리 선생님들 말고는 하늘의 메시지를 들려 줄 사람이 주위에 아무도 없는 아이들이 분명 있기 때문이다.

봄이 지날 즈음 아이들의 생각이 바뀌기 시작한다. '우리 선생님은 다른 어른들과 좀 다른 것 같아.' 그렇다. 아이들은 교회학교 선생님이 다른 어른들과 다르다는 걸 알아차린다. 대체로 어른들은 가르치려 하거나 혼내거나 둘 중 하나다. 부모님도 나를 못마땅하게 보는 것 같고, 학교 선생님도 나를 못 믿어워 하는 것 같은데 교회 선생님은 다르다. 볼 때마다 무조건 "사랑한다"고 말하니 이상하다. 손발이 오그라드는 것 같기도 하다.

여름 문턱에 들어설 즈음 변함없는 선생님의 모습에 아이들은 자신에 대해 새롭게 생각하게 된다. '내가 뭐라고.' '나도 포기한 나를 왜 선생님은 포기하지 않지?' 어떻게 반응해도 사랑으로 대해 주시는 선생님 덕분에 아이들은 그동안 잊고 있던 자신의 가치를 새롭게 인식한다. 가을이 깊어지면서는 설교에 좀더 귀 기울이고 소그룹에서 자기 얘기를 하게 된다. 그동안 목회자와 선생님에게 들었던 예수님 이야기가 하나 둘 눈에 들어오기 시작한다. 세상을 사랑해서, 세상이 몰라줘도, 세상을 위해, 십자가에서 끝까지 버티신 '예수 그리스도'의 은혜를 맛보기 시작한다.

이것은 절대 신비이고 하나님께서 하시는 일이다. 하나님께서 우리 선생님들을 통해 하시는 일이다. 한 아이를 사랑하며 자리를 지키고 끝까지 버티는 선생님의 모습을 보며 아이들이 예수님의 모습에 대한 힌트를 얻도록 하시는 일이다. 그래서 선생님은 버티는 사람이다. 은혜는 그저 버티는 것이다.

◎ 달팽이처럼

1. 누군가 내 곁에서 버텨 준 덕분에 나의 가치를 새롭게 발견한 경험이 있나요?
2. 지금 만나는 아이들 중에 내가 버티고 곁에 있어 줘야 할 아이는 누구인가요? 그 이유는 무엇인가요?
3. 그 아이를 위해 기도하고 실천할 수 있는 일을 한 가지 적어 보세요.

> 그저 이 자리를 지키는 것만으로도
> 하나님께서 일하시기를.
> 아이들 곁을 지키겠습니다.

좋으신 주님, 제 인생의 배를 저어 아늑한 당신의 항구로 이끄소서. 거기라면 죄와 갈등의 풍랑을 피하여 안전할 수 있겠습니다. 제가 취해야 할 항로를 보여 주소서.
^ 카에사리아의 바실리우스

표삼

교사로서 존재와 역할 균형 잡기.
교사의 성품과 역량은 빚어 가는 것입니다.

영적 성장, 주님을 사랑하는 삶

영적 성장이란, 날마다 조금 더
주님을 사랑하는 사람이 되어 가는 것이다.

"전도사님, 성경공부 하고 싶어요! 시간 좀 내 주세요." 주일 예배 후 한 아이가 찾아와 뜬금없이 부탁했다.

"그……래, 언제?"

"매주 하루씩이요."

이후로 고1 여자아이 네 명과 나는 그렇게 고3 때까지 매주 만났다. 고3이 된 어느 날 그 아이가 말했다. "저 요즘 학교에 아침 도시락 싸 가요. 집에서 아침 먹는 시간에 대신 말씀 묵상하려고요. 학교에선 애들과 노느라 말씀 묵상을 잘 안 하게 되거든요. 밥은 놀면서도 먹게 되지만요."

하나님과 조금 더 시간을 보내기 위해 나름대로 '장치'를 만든 아이의 마음이 너무 예쁘다.

하나님은 우리를 참 사랑하신다. 우리를 당신의 형상으로 만들고는 감격하셨다. 우리가 하나님과 사랑하는 관계 안에서 영원한 행복을 맛보도록 해주고 싶으셨다. 그러나 하나님보다 더 사랑하는 게 생긴 우리 때문에 그 관계가 깨져 버렸다. 우리는 돌아섰지만 결코 돌아설 수 없었던 하나님은 우리에게 다시 손을 내미셨다. 예수 그리스도, 십자가 사랑을 통해 다시 사랑의 관계를 회복할 수 있도록.

 우리를 그리워하시는 하나님의 절절한 사랑을 알면 우리도 비로소 깨닫게 되는 것이 있다. 우리 안에도 하나님을 그리워하는 마음이 있다는 것을. 나도 세상도 포기한 나를 절대 포기하지 않으시는 분, 나의 연약함과 악함에도 불구하고 나를 품어 주시는 분, 아무것도 한 게 없는 나를 위해 전부를 주신 분, 그 하나님이 너무 고마울 때 우리는 점점 더 하나님이 보고 싶어진다. "주님 보고 싶고, 더 알고 싶고, 함께하고 싶고, 또 보고 싶고, 만지고 싶어"라는 찬양 가사처럼 자꾸 주님이 생각난다. 그 마음이 자라면 일상을 주님과 더 많이 함께하고 싶어진다. 내 마음과 소유를 주님께 드리고, 주님이 내 삶에 함께하시기를 간절히 소망하는 마음이 커진다.

 가장 중요한 순간에 쓰려고 평생 모은 향유를 들고 온 여인은 주님의 발에 그 향유를 부었다. 자신의 전 존재를 용서하고 받아 주신 주님의 사랑이 고마워 자신도 전 존재를 부어 드렸다. 당시 옆에 있던 제자들은 여인의 숭고한 마음을 다 이해하지 못했지만 그 마음은 시대를 넘어 지금 우리에게 깊은 여운을 준다.

영적인 사람이 된다는 것은 날마다 조금 더 주님을 사랑하는 사람이 되어 가는 것이다. 나는 주님이 아니면 안 되는 존재라는 것, 내 전 존재를 용서하고 받아 주신 온전한 사랑 때문에 지금 내가 살고 있다는 것, 그 주님이 나를 사랑하고 자랑스러워하심을 알 때 주님을 향한 고마움이 커져 간다. 그러다가 나를 위해 전 존재를 내어 주신 주님께 나의 전 존재를 드리고 싶어진다. 그런 우리를 보면서 주님 없이는 살아갈 수 없는 우리 아이들도 차츰 하나님의 마음을 발견하게 될 것이다. 그들도 주님을 조금씩 더 사랑하게 될 것이다.

◎ 달팽이처럼

1. 나를 위해 전 존재를 부어 주신 하나님께 감사하는 고백을 적어 보세요.

2. 날마다 하나님을 조금 더 사랑하는 사람이 되어 가기 위해 내가 취할 수 있는 장치는 무엇인가요? (지금, 여기서, 쉽게, 지속할 수 있는 한 가지)

주님의 사랑을 알수록 더 사랑하고
그 사랑 안에 깊이 들어갈수록
나의 존재를 내어 드리고 싶어집니다.

저는 당신한테서 달아났습니다. 그런데도 당신은 저를 쫓아오셨고, 그래서 지금 이토록 불결한 저에게 희망을 주십니다. ^ 마저리 켐프

지적 성장, 지혜를 사랑하는 삶

지적 성장이란, 하나님을 사랑하고 세상에 담긴
지혜를 사랑하는 사람이 되어 가는 것이다.

"엄마, 여기 좀 봐요." 길을 걷던 여섯 살 딸아이가 갑자기 멈춰 서서 엄마를 부른다. 길거리 화단 앞에 웅크리고 앉은 아이의 손가락은 알록달록 피어 있는 꽃들을 가리키고 있다. 추운 겨울을 지나고 따뜻한 봄 햇살을 맞으며 자기만의 색깔로 피어난 꽃들이다. 어쩌면 이리도 예쁠까?

　아이가 말한다. "엄마, 하나님은 화가인가 봐요. 이렇게 예쁜 색깔로 꽃을 칠해 놓으셨어요." 그러고 보니 그 꽃도 하나님의 손길로 만들어진 거였다. '작은 꽃 하나에서도 하나님의 솜씨를 발견한 넌 참 행복한 아이구나.'

제주도에 곶자왈 환상숲이라는 곳이 있다. 그곳에는 서울에서 살다가 건강상의 이유로 제주도에 내려와 살고 있는 부부가 있다. 방문하면 숲 해설을 해준다. 한 시간 가량 숲길을 쭉 따라가며 듣다 보면 자연 안에 하나님의 마음과 지혜가 담겨 있음을 깨닫게 된다. 서로 어울려 살아가며 서로의 자람을 돕고 있는 자연이다. 자연은 스스로 순환하도록 창조되었다는 설명이다.

지적으로 자란다는 것은 지혜를 사랑하는 사람이 되어가는 것이다. 지혜란 뭘까? 지혜는 바로 예수 그리스도시다. 하나님의 마음과 생각을 가득 담고 계신 분, 하나님의 뜻을 이 땅에 보여 주신 분이 바로 예수님이다. 그러므로 지혜를 사랑한다는 것은 예수님을 사랑하는 것이고 그분의 삶을 따라가는 것이다.

예수님은 사람들에게 자연 만물에 담긴 하나님의 섭리를, 사람들 안에 담긴 하나님의 형상을, 온 세상에 담긴 하나님의 손길을 보여 주셨다. 그래서 예수님을 본 사람들은 한결같이 말했다. "이것이 하나님 나라구나. 하나님의 사랑이구나. 이렇게 사는 것이 참 삶이구나."

지혜를 사랑하는 삶은 예수님이 그러하셨듯 우리도 온 세상에 가득 담긴 하나님의 사랑과 아름다운 섭리를 발견하고 회복해 가는 것이다. 온 세상이 하나님의 손길 안에서 연결되어 있음을 발견하는 것이다. 해가 뜰 때, 구름을 볼 때, 꽃을 볼 때, 숨을 쉴 때 하나님의 손길을 느끼는 것이다. 우리가 배우는 지식 하나하나에 깃든 하나님의 원리를 보는 것이다. 일상의 소소한 일들이 이루어지는 것을 통해 하나님의 지혜를 경험한다.

"행복은 감사하는 사람이 발견하고, 감동하는 사람이 나누고, 감탄하는 사람이 누린다"는 말이 있다. 일상 속에서 하나님의 섭리를 발견하는 사람은 진짜 행복한 사람이다. 하루를 지나며 만나는 사람들, 일, 배움, 그리고 펼쳐진 자연 속에서 하나님의 손길을 볼 수 있다면 그 삶이 얼마나 복될까? 그런 사람 곁에 있는 사람들도 덤으로 일상 속에서 하나님의 지혜와 행복을 발견하게 될 것이다.

◎ 달팽이처럼

1. 최근에 일상(사람, 일, 배움, 자연) 속에서 발견한 하나님의 지혜는 무엇인가요?

2. 내가 발견한 하나님의 지혜를 가족, 친구, 아이들에게 어떻게 나눌 수 있을까요?

> 예수님의 발걸음을 따라가는,
> 하나님의 섭리를 발견하는
> 행복한 삶!!

당신이 저를 당신의 온전하신 모습으로 회복시켜 주실 때까지 당신을 기억하고, 당신을 사랑하고, 당신께 기도하고, 당신을 묵상하게 해주십시오.
^ 히포의 아우구스티누스

정서적 성장, 자신을 사랑하는 삶

정서적 성장이란, 주님 안에서 진정한 나의 가치를
발견하고 사랑하는 사람이 되어 가는 것이다.

"지금부터 여러분은 여러분을 가장 사랑하는 사람이 되는 거예요. 그 사람은 여러분의 가장 친한 친구일 수도, 엄마일 수도, 예수님일 수도 있어요. 누가 될지 생각했나요? 그럼 이제 여러분 앞에 놓인 빈 의자에 앉은 자기 자신에게 그 사람이 되어 얘기해 주세요. 어떤 말을 해주고 싶나요?"

한 아이가 눈물을 흘리며 자신에게 말했다. "○○야, 넌 네가 생각하는 것보다 훨씬 괜찮은 사람이야."

우리는 다른 사람들에게는 관대하지만 자신에게는 냉정할 때가 많다. 아이들이 고민을 털어놓으면 그 고민을 다 듣고 이해하고 안아 주고 보듬지만 정작 자신의 어려움과 고민은 쉽게 외면해 버린다. 아이들을 사랑하는 만큼 그들에게 많은 것을 가르쳐 주고 좋은 교사가 되어 주고 싶지만, 그런 열정이 때로 우리 자신을 지나치게 엄격한 잣대와 강박으로 몰아갈 때가 있다. 이러한 기준과 부담을 잠시 내려놓고 하나님의 시선으로 우리 자신을 바라보자. '하나님은 나를 어떻게 바라보실까?'

이스라엘의 타락이 극에 달했을 때, 하나님은 오히려 스바냐 선지자를 통해 말씀하셨다.

> 너의 하나님 여호와가 너의 가운데에 계시니 그는 구원을 베푸실 전능자이시라. 그가 너로 말미암아 기쁨을 이기지 못하시며 너를 잠잠히 사랑하시며 너로 말미암아 즐거이 부르며 기뻐하시리라(습 3:17).

반복되는 죄악에 수없이 넘어지고 좌절하는 연약한 우리지만 그럼에도 하나님은 변함없이 사랑의 눈으로 우리를 보신다. 특별한 것을 갖추고 있지 않아도, 대단한 일을 해내지 못해도 우리는 하나님 앞에서 충분히 사랑스럽다.

세상의 잣대와 평가가 아니라, 더 완벽해지기를 갈망하는 욕심이 아니라 예수님의 시선으로 우리 자신을 바라볼 수 있기를 바란다. 아무것도 묻지 않고 따지지 않으며 있는 그대로 나를 사랑하시는 예수님을 바라보노라면, 따뜻하게 내 이름을 불러 주시는 주님의 음성에 귀 기울이노라면 비로소 내가 누구인지 알게 된다. '나'이기 때문에 '나'의 이름을 부르시고 '나'와 관계 맺기를 원하시는 주님 안에서 진정한 나의 가치를 알 수 있다. 참된 나의 모습을 찾아갈 수 있다.

굳이 포장하거나 다른 누군가를 흉내 내지 않고 나만의 고유한 색깔과 향기를 인정하고 사랑하는 사람은 행복하다. 그런 사람은 다른 사람을 쉽게 판단하거나 평가하지 않는다. 나를 사랑하는 사람은 다른 사람을 진심으로 사랑할 수 있다. 나의 행복을 다른 사람에게 흘려 보낼 수 있다. 행복한 나로 인해 내 곁에 있는 사람도 행복을 느낀다. 행복한 교사로 인해 아이들도 행복을 느끼게 된다. 그리고 하나님 안에서 자신을 찾아간다.

◎ **달팽이처럼**

1. 나의 모습 중에 받아들이기 어려운 부분이 있다면 무엇인가요?

2. 하나님의 눈으로 자신을 바라보며 자신에게 이야기해 보세요.

3. 나의 연약함과 악함을 내어 놓고 사랑 많으신 하나님의 말씀 앞에 머물러 보세요(습 3:17, 롬 5:8, 8:35-39, 사 41:8-10, 43:4).

> "넌 이대로도 충분히 사랑스러워"
> 라고 말씀해 주시는
> 주님이 계셔서 참 다행이다.
> 주님이 괜찮다 하시니
> 나도 내가 괜찮다.

저 들판에 온갖 색깔로 장미와 백합을 심어 놓으셨듯 제 가슴에 온갖 덕목의 꽃들을 심어 주십시오. 그 꽃들에 당신의 거룩하신 영으로 물을 주십시오.
^ 빙겐의 힐데가르트

사회적 성장, 사람을 사랑하는 삶

사회적 성장이란, 다른 사람을 환대하는
사람이 되어 가는 것이다.

"아침밥 먹었어?", "학교 늦겠다. 어여 가. 넘어지니 뛰진 말고"라며 마음 써 주시던 쌀가게 아저씨, "잠깐 이리 와 봐" 하며 손에 사탕 하나 쥐어 주시던 구멍가게 아줌마. 동네 어른들이 네 아이, 내 아이 할 것 없이 동네 아이들을 돌봐 주던 시절이 있었다. 그 시절 우리는 부모님 외에도 우리를 돌봐 주는 사람들이 많다는 것을 경험했다. 세련되지는 않지만 따듯하게 서로를 환대했던 그 시절이 나는 지금, 그립다.

집 근처 식당에 갔다. 얼마 전 새 단장을 한 후 창밖을 바라보고 일렬로 쭈욱 앉는, 자리마다 콘센트가 있는 긴 식탁이 몇 개 더 들어와 있다. 곧이어 사람들이 하나둘씩 들어와 그 자리에 앉는다. 스마트 기기를 콘센트에 연결한 후 이어폰을 꽂고 각자 식사를 시작한다. 뒷모습이 좀 외롭게 느껴지는 건 나만의 생각일까?

혼족, 혼밥, 혼가구 등 1인 생활 인구가 점차 늘고 있다. 사회 분위기가 그렇다 보니 어색하게 느껴지지는 않는다. 혼자가 익숙해져 가는 세대지만 저마다 마음 한편에는 누군가의 속 깊은 환대를 그리워하고 있지 않을까? 2018년 영국에서 '외로움 담당 장관'을 임명했다고 한다. 노인이나 돌봄이 필요한 이들, 사랑하는 사람을 잃은 이들이 서로 생각을 나누며 살아가도록 모두가 나서서 돕기 위함이라고 한다. 이런 멋진 생각을 하다니!

예수님께서 이 땅에 와서 보여 주신 삶의 모든 모습이 환대였다. 일상이 아픔이 되어 버린 사마리아 여인의 우물가, 모든 이에게 외면당하던 삭개오의 외로운 자리, 한때 미래를 꿈꾸었으나 현실 앞에 주저앉은 베드로의 일터, 그리고 의미 있는 삶을 꿈꿀 수 없었던 세리 마태의 세관으로 찾아가셨다. 예수님은 아무도 함께 있고 싶어 하지 않는 그들의 일상 속으로 들어가 그들 곁에 머물러 주셨다. 그들의 영혼과 삶의 문제를 있는 그대로 받아 주셨다. 그런 예수님을 통해 사람들은 하나님 나라를 온 영혼으로 맛보았다.

하나님은 다른 사람을 환대하는 존재로 우리를 불러 주셨다. 우리에게 더불어 사랑하며 살아가라고 명하셨다. 환대는 가족, 친구, 동료, 이웃, 이방인을 있는 모습 그대로 사랑하는 것이다. 이는 쉬운 일이 아니다. 헨리 나우웬은 환대를 "낯선 사람이 들어와 적이 아닌 친구가 될 수 있는 자유로운 공간을 만들어 주는 것"이라고 정의했다. 서로를 환대하던 아날로그적 환경이 그리운 요즘이다.

내게 하나님의 꿈을 이야기해 주고 내 안에서 하나님의 계획을 발견하도록 도와주는 사람, 나의 필요에 관심을 갖고 한 발짝 먼저 다가와 주는 사람, 내가 내 모습 그대로 있어도 되는 공간을 마련해 주는 사람이 우리라면 좋겠다.

◎ 달팽이처럼

1. 살아오면서 경험했던 가장 기억에 남는 환대는 무엇인가요?

2. 그 경험은 내 인생에 어떤 영향을 주었나요?

3. 지금 나의 환대가 필요한 사람은 누구인가요? 그 사람에게 어떤 환대를 베풀 수 있는지 구체적으로 적고 실천해 보세요.

> 환대, 다른 사람이 내 안에 편안히 머무를 공간을 마련해 주는 것. 그러자면 복잡한 내 마음을 청소하고 비워야겠지.

주님, 당신은 모든 사람들과 섞여 그들과 말씀을 나누셨지요. 저도 도시 장터나 시골 마을을 가리지 않고 찾아가 거기 사는 사람들과 당신의 진리를 나눌 수 있게 해주십시오.
^ 요한 세르기예프

신체적 성장, 일상을 사랑하는 삶

신체적 성장이란, 주어진 일상에 감사하고
그 안에서 행복을 누리는 사람이 되어 가는 것이다.

"진정한 기적은 직장이 두 개인 엄마가 놀이터에서 아이들과 놀아 주는 거야. 십대가 다른 사람들을 위해 헌혈하는 것이기도 하고. 그런 게 바로 우리가 찾는 진정한 기적이지. 기적을 보고 싶나? 자네 자신이 기적이 되게." —영화 〈브루스 올마이티〉에서

대부분은 두 발로 땅 위를 걸어 다니는 일쯤은 당연하게 여긴다. 하늘을 날거나 바다 위를 걷는 것같이 대단하고 놀라운 일을 해내길 염원한다. 그러나 소소하게 누리던 일상을 잃어버리면, 예컨대 몸이 아파 마음대로 움직이지 못한다든가 티격태격하던 사람들을 보고 싶어도 보지 못하는 상황이 되

면 이내 알게 된다. 반듯하게 허리를 펴고 땅 위를 걷는 것이 기적이고, 사랑하는 사람들과 아옹다옹하며 하루를 보낼 수 있는 것이 은혜임을 말이다.

특별한 일상만을 꿈꾸다 보면 매일 소소하게 누리는 보편적인 일상을 놓치게 된다. 그러나 끝없이 비교하고 더 가지라고 유혹하는 세상 속에서 소소한 일상의 만족을 느끼며 살기란 쉽지 않다. 삶의 행복을 느끼기엔 내게 주어진 일상이 특별할 게 전혀 없는 당연한 것이기 때문이다.

반복되는 지루한 일과 속에서도, 정신없이 쫓기는 바쁜 일상에서도 하나님의 은혜와 사랑을 경험하며 살아갈 수는 없을까? 잠언 기자는 말한다. "모든 지킬 만한 것 중에 더욱 네 마음을 지키라"(잠 4:23). 마음을 지킬 수 있게 해달라고, 붙잡아 달라고 기도할 때 우리는 하나님을 신뢰하며 그분의 도우시는 손길을 더 세밀하게 느낄 수 있다. 우연으로 여겨 온 일상의 모든 일들이 실은 하나님의 응답과 은혜였음을 우리는 기도할 때 비로소 알게 된다.

작고 컴컴한 감옥에서 차꼬에 매인 채 무엇 하나도 마음대로 할 수 없었던 사도 바울은 빌립보 성도들에게 말했다.

마음을 졸이거나 염려하지 마십시오. 염려 대신 기도하십시오.

간구와 찬양으로 여러분의 염려를 기도로 바꾸어, 하나님께 여러분의 필요를 알리십시오. 그러면 여러분도 모르는 사이에, 하나님의 온전하심에 대한 감각, 곧 모든 것이 협력하여 선을 이루게 된다는 믿음이 생겨나서 여러분의 마음을 안정시켜 줄 것입니다(빌 4:6-7, 메시지성경).

주어진 일상에 감사하며 하나님을 신뢰하자. 하나님께서 나의 일상을 빚어 가고 계심을 신뢰하고 더 세밀히 느끼는 과정을 통해 우리는 자족할 수 있다. 일상이 주는 참 행복을 누릴 수 있다. 크고 놀라운 일은 아닐지라도 하나님과 친밀하게 교제하는 가운데 그분이 주시는 소박하고 자잘한 기쁨이 하나하나 이어지는 일상을 사랑하게 되기를 기도한다.

◎ 달팽이처럼

1. 나의 일상 가운데서 너무 당연해 은혜라고 생각하지 못한 일은 무엇인가요?
2. 하나님께서 빚어 가시는 나의 일상에 감사하는 고백을 해보세요.

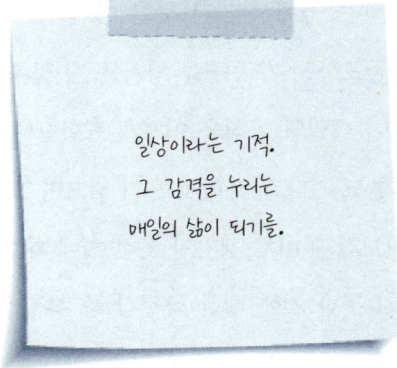

오늘 제가 건강하든 아프든, 기뻐하든 슬퍼하든, 일하든 놀든, 혼자 있든 여럿이 있든 당신 손 안에 있음을 알게 하소서. 당신의 목적 있는 섭리 안에 제가 들어 있음을 조금씩 깨닫게 하소서. ^ 레슬리 웨더헤드

가정, 성숙함을 품은 자리

가정은 혼란을 인정하고 엎드림으로
하나님의 손길을 경험하는 곳이다.

"커다란 공 위에 올라서서 입에 문 막대로 접시를 돌리고 손으론 저글링 하는 곡예사가 된 듯한 아침이었어요." 부랴부랴 출근하고 등교하는 가족들을 챙기는 게 얼마나 힘들었던지 한 집사님이 매일의 아침을 이렇게 표현한다. 회오리바람이 한바탕 휩쓸고 지나간 자리에 혼자 남으면 '오늘도 치러냈구나' 하는 안도감과 미처 챙기지 못한 일에 대한 아쉬움, 감정선을 지키지 못한 것에 대한 좌절감 등 복잡한 감정이 몰려온다고 한다. 그래도 집사님은 이렇게 덧붙인다. "이런 아침을 잘 이겨 내신 분들을 응원합니다."

우리 가정이 혼란 그 자체라고 느껴질 때가 있는가? 왜 우리

집만 이렇게 복잡한 일이 많고 지지고 볶고 사는지 모르겠다는 생각이 드는가? 결론부터 말하자면 가정은 원래 그런 곳이다. 일단, 한 가정을 꾸리면 감당해야 할 역할이 늘어나고 가족 구성원의 생애 주기에 따라 다양한 환경에 놓이게 된다. 한마디로 책임과 의무가 늘어난다. 더욱이 우리는 대개 가족과 함께 있을 때는 긴장하지 않는다. 몸과 마음의 힘을 빼고 있는 그대로의 모습을 드러낸다. 그러다 보니 때론 역작용으로 서로의 민낯을 보며 실망하고, 최소한의 경계선을 넘는 모습에 분노하기도 한다. 멀리서 보면 '단란한' 가정도 자세히 들여다 보면 '혼란스러운' 장면이 속출된다.

가족은 그렇게 하나님 곁에서 함께 먹고 자고 자라 가는 사람들이다. 아픔과 슬픔, 기쁨, 좌절, 환희, 안정 등을 함께 경험하면서 삶을 빚어 가시는 하나님의 손길을 본다. 자신과 가족의 민낯을 보며 다른 사람들을 이해하는 폭이 넓어진다. 그렇게 부르심을 발견해 간다.

가정에서 겪는 혼란은 당연한 것이다. 부모가 먼저 가정의 혼란을 인정하고 하나님 앞에 엎드릴 때, 혼란을 겪는 아이들도 하나님 앞에 엎드리는 법을 배우게 된다. 힘들지 않은 척, 아무 일도 없는 척 하지 않아도 된다. 하나님 앞에 엎드릴 수밖에 없는 곳, 엎드림을 통해 회복시켜 주시는 하나님의 손길을 경험하는 곳이 가정이다. 그래서 가정은 아픔과 혼란을 품고 성숙해 갈 수 있는 자리다.

아버지의 재산을 갖고 나가서 탕진한 둘째 아들이 무너진 삶을 안고 다시 돌아올 수 있었던 곳이 바로 집이다(눅 15:11-32). 볼품없어진 나를 끌어안아 주시는 아버지의 품, 나를 포장하지 않아도 되는 곳, 언제나 다시 시작할 수 있는 곳이 바로 가정이다.

아버지의 품으로 여기기엔 가정의 아픔이 너무 큰 아이들, 혼란을 품고 하나님 앞에 엎드려 줄 누군가가 없는 아이들은 어떻게 해야 할까? 교회와 교사가 이 아이들의 가정이 되어 주면 좋겠다. 아이들이 있는 그대로 머물 수 있는 정서적인 공간, 다시 기억하고 돌아가 언제라도 새로 시작할 수 있는 아버지의 집이 되어 주면 좋겠다. 우리 아이들은 자신의 아픔과 혼란을 끌어안고 함께 울며 하나님 앞에 엎드리는 한 교사를 통해 성숙한 가정을 경험한다. 그 안에서 하나님의 품을 경험한다.

◎ 달팽이처럼

1. 지금 내가 겪고 있는 가정의 아픔과 혼란은 무엇인가요? 그 문제를 가지고 하나님 앞에 엎드려 보세요.

2. 아이들이 겪고 있는 가정의 아픔과 혼란은 무엇인가요? 품고 기도해 주세요.

3. 아이들을 품는 정서적 가정이 되기 위해 어떤 일을 할 수 있을까요?

> 혼란 속에서 아이들이
> 하나님을 만날 수 있기를.
> 나의 엎드림으로 하나님께서
> 아이들을 만나 주시기를.

저의 무지는 앎과 예배로 가는 제 걸음을 가로막지 못합니다. 오히려 저와 저를 둘러싼 모든 것들에 대한 저의 무지가, 만유를 지으시고 모든 생명을 살리시는 당신께 온전히 의지하라고 저를 일깨웁니다. ˆ 푸아티에의 힐라리우스

교회, 예배가 깊어지는 자리

교사는 아이들과 함께 교회가 되어 가는
자리로 부름 받은 사람이다.

아침 7시, 휴대폰 알람이 울린다. 전날의 피로도 안 가셨는데 아침도 못 먹고 부리나케 준비해서 8시 30분 교사 경건회에 겨우 도착했다. 8시 50분, 아이들을 맞이한다. 9시, 부서 예배가 시작된다. 계속 두리번거린다. 분명 전화해서 깨웠는데 아직 안 오는 아이가 있다. 휴대폰 만지는 아이 눈치 주고, 본문 말씀 찾으라고 성경책 들이밀고, 찬양 좀 하자고 손을 끌어도 본다. 그렇게 예배를 겨우 마쳤다.

10시부터 시작되는 분반공부. 예배 시간까지만 해도 있던 녀석이 사라졌다. 남아 있는 아이들도 이제 겨우 출석 부르는데 빨리 끝내 달란다. 아이들의 정수리만 보다가 분반공부가 끝나 버렸다. 그러고도 이어지는 찬양대 연습, 대예배, 소그룹

모임……. 다 마치고 집에 돌아오니 저녁이다. 왠지 이런 생각이 자꾸 든다. '이건 아니다.'

～

지난 주일 한 선생님이 이렇게 이야기했다. "주말에도 노동하는 느낌이에요." 주일 아침 일찍 교회로 달려가 정신없이 각종 예배와 봉사, 모임을 '치르고' 저녁에 집에 돌아와 털썩 주저앉을 때면 밀려드는 마음이 있다. '오늘 난 뭐 한 거지?'

교회란 무엇일까? 교회는 그리스도의 몸이다. 예수 그리스도를 주로 고백하는 사람들이 모여 함께 예배하고, 주의 사랑으로 서로를 돌보면서 그리스도의 몸을 가꾸고, 그 사랑으로 세상을 섬기는 공동체다. 그렇다면 교사에게 교회는 어떤 곳일까? 부서 예배는 어떤 의미일까?

교사는 아이들과 함께 예배하는 사람이다. 예배는 하나님을 사랑하고 이웃을 사랑하는 것이다. 그러므로 교사는 아이들과 함께하며 예수 그리스도를 영혼에 담고, 그 사랑의 비밀을 나누며 살아가는 사람이다. 교사의 가장 중요한 정체성은 예배가 깊어지고 그리스도의 복음을 품는 자리에 아이들과 함께 부름 받은 존재라는 것이다. 아이들과 함께 사랑으로 깊어지는 자리에 부름 받은 존재, 아이들과 함께 자신도 교회가 되어 가는 자리에 부름 받은 존재가 교사다.

동시에 교사는 아이들의 예배를 돕는 사람이다. 아이들이 하나님과 조금씩 더 깊은 관계를 맺어 가도록 돕고, 예수 그리스도의 사랑 안에서 서로를 조금씩 더 사랑해 가도록 돕는다. 아이들의 예배를 도우려면 무엇보다 교사 자신의 예배가 깊어져야 한다. 내가 먼저 하나님께 진심으로 예배하고 세상을 사랑으로 섬기기 위해 하나님 앞에 엎드려야 한다. 잘 안 되니까 자꾸 엎드리는 것이다. 나의 예배가 깊어져야 아이들이 더 깊이 예배하도록 도울 수 있다.

한번 스스로에게 질문해 보자. "나는 관리자인가 예배자인가? 하나님을 깊이 예배하고 있는가? 예배를 통해 그리스도 안에서 자라 가고 있는가? 내 안에 담긴 그리스도의 비밀을 나누고 있는가?" 엎드리는 교사와 좌충우돌하는 아이들은 그렇게 서로를 통해 하나님을 사랑하고 이웃을 사랑하는 사람이 되어 간다.

◎ 달팽이처럼

1. 마지막 단락의 질문에 답해 보세요. 그렇게 생각한 이유는 무엇인가요?

2. 예배가 깊어지기 위해 내 안에 필요한 변화는 무엇인가요?

3. 아이들의 예배가 깊어지도록 어떻게 도울 수 있을까요?

> 부서 예배를 실수 없이 진행해야 할 프로그램으로 생각한 건 아닐까? 예배에 노련한 교사보다 진정한 예배를 드리는 교사가 되고 싶다.

주님, 당신의 얼굴을 제게서 돌리지 마소서. 제 영혼이 물 없는 사막처럼 되지 않도록 당신의 위안을 제게서 거두지 마십시오. ^ 토마스 아 켐피스

일터, 소명에 응답하는 자리

우리는 하나님의 흔적을 남기는,
그분의 손에 붙들린 달팽이다.

"홍콩 야경 본 적 있어? 정말 멋지다더라. 그런데 요즘은 서울 야경이 더 멋있대. 왜 그런 줄 아니?"

"글쎄."

"야근을 많이 해서 그래."

그야말로 웃픈 현실이다. 직장인의 일상을 다룬 만화의 한 대사가 뼈아프게 다가온다. "우린 그저 시스템이 잘 돌아가도록 돕는 톱니바퀴일 뿐이야."

일과 일터를 찾는 것이 매우 힘든 요즘이다. 귀한 일자리이니만큼 감사한 마음과 부푼 꿈을 안고 출근한다. 하지만 그것도 잠시이고 시간이 지날수록 답답함이 몰려온다. 언제까지 이렇게 내 시간 없이 일하면서 살아야 할까? 이것이 정말 꿈을 찾아가는 길일까?

하루 종일 꼼지락거려도 늘 제자리인 것 같은 달팽이가 꼭 나같이 느껴질 때가 있다. 그럴 때면 무심히 길을 걸어가는 사람들조차 내게 눈으로 이렇게 말하는 것만 같다. '너 거기서 도대체 뭐하고 있는 거니?' 그런데 달팽이가 지나간 자리를 본 적이 있는가? 은빛 흔적이 남아 있다. 힘들지만 최선을 다해 자기 몫의 꼼지락을 한 달팽이가 남긴 아름다운 흔적이 거기에 있다.

지금 내가 있는 곳은 어떤 의미가 있을까? 내가 있는 곳을 하나님께서 보내 주신 곳이라고 생각해 본 적이 있는가? 지금 내가 하는 일이 하나님 나라와 연결되어 있다고 느껴 본 적이 있는가? 겨우 버티고 있는 일터에서 오늘 내가 행한 작은 애씀과 선택이 하나님을 사랑하고 이웃을 사랑하라고 명하신 하나님의 뜻을 이루어 가는 것임을 아는가? 어느 공익광고에서 보듯 아침 일찍 출근해서 가게 셔터문을 올리는 손 만세가, 도서관에서 공부하다 기지개 펴는 손 만세가, 퇴근하고 돌아오는 아빠를 맞이하는 아이의 손 만세가 100년 전 나라의 독립을 위해 들었던 선조들의 손 만세와 연결되어 있는 것처럼.

무너진 예루살렘 성벽 재건을 이끌었던 느헤미야가 52일 만에 성벽 건축을 마친 후 이런 고백을 한다. "이에 우리가 성을 건축하여 전부가 연결되고 높이가 절반에 이르렀으니 이는 백성이 마음 들여 일을 하였음이니라"(느 4:6). 예루살렘 성벽은 위대한 한 사람이 건축하지 않았다. 각자가 자기 집 앞의 성벽을 건축한 다음에 그것을 연결했다. 그 일을 백성들이 "마음 들여" 했다. 이와 같이 우리 한 사람 한 사람이 마주한 일상의 일을 마음 들여 하고 그것이 연결될 때 하나님 나라가 이루어진다.

그렇게 내가 있는 곳에서 내 몫의 꼼지락을 하다 보면 하나님 나라의 흔적이 남는다. 혹시 그거 아는가? 꼭 나 같은 그 달팽이는 하나님의 손에 붙들려 있다. 그래서 언제든 어디든 나를 필요로 하는 곳에 하나님께서 들어다 옮겨 놓으신다. 그러면 우리는 그곳에서 다시 우리 몫의 꼼지락을 하면 된다. 내가 속한 곳에서 나를 보내신 하나님의 뜻을 발견하며 마음 들여 헌신하는 선생님들을 보면서 우리 아이들도 하나님의 부르심을 한 번쯤 진지하게 고민하지 않을까? "내가 왜 공부해야 할까?" "하나님께서 나를 어떤 사람으로 부르셨을까?"

◎ 달팽이처럼

1. 하루 종일 꼼지락거려도 늘 제자리인 것처럼 보이는 달팽이가 꼭 나 같다고 느껴질 때가 있나요?
2. 지금 내게 주어진 일과 학업이 하나님 나라와 연결되어 있음을 기억하며 내 몫의 꼼지락을 "마음 들여" 할 수 있는 방법을 생각해 보세요.

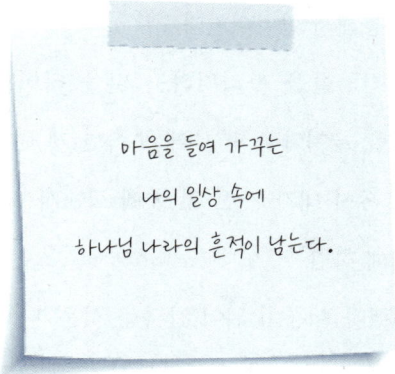

마음을 들여 가꾸는
나의 일상 속에
하나님 나라의 흔적이 남는다.

주님, 여기 제가 있습니다. 제 가슴을 당신께 바치오니 당신 가슴에 맞추어 꼴을 빚으소서. ^ 로렌스 형제

이웃, 우리 곁을 나누는 자리

하나님께서 부탁하셨다.
누군가를 위해 우리 곁을 내어 주라고.

"친구들은 뭐든지 나보다 좋은 걸 갖고 있어요." 학교에 다녀온 딸이 뾰루퉁해서 한마디한다.

아버지는 친구들을 부러워하는 딸을 타이르며 말한다. "누군가의 것을 들여다볼 땐 내게 부족한 게 뭔지 찾기 위해서가 아니라, 혹시 내가 가진 것 중에 그에게 나눠 줄 게 뭔지 살피기 위해 하렴."

누군가 그랬다. 어른이 되어 간다는 것은 '나'만 크게 그려져 있던 캔버스에 점점 다른 사람들이 함께 그려져 가는 거라고.

살다 보면 내 몸, 내 가족 하나 챙기기도 벅찰 때가 많다. 다른 사람에게 마음을 내어 주면 갑자기 내 경계선 안으로 훅 들어올까 봐 겁날 때도 있다. 관계를 맺고 정을 나누는 것이 부담스러워 어느 정도 거리를 두며 살아가는 게 차라리 속 편하다. 이웃이 된다는 것이 생각보다 쉽지 않은 요즘이다.

어느 날 한 율법교사가 예수님을 찾아와 무엇을 해야 영생을 얻을 수 있느냐고 물었다(눅 10:25-37). 이에 예수님께서 말씀하셨다. "하나님을 사랑하고 네 이웃을 네 자신같이 사랑하라." 율법교사가 누가 내 이웃이냐고 다시 묻자 예수님은 이렇게 되물으셨다. "강도를 만나 죽어 가던 사람을 그냥 지나친 제사장과 레위인, 그리고 그를 불쌍히 여겨 정성껏 돌봐 준 사마리아인 중에 누가 강도 만난 자의 이웃이 되겠느냐?" 율법교사가 대답했다. "자비를 베푼 자니이다."

이웃을 사랑하는 것은 하나님을 사랑하는 것과 똑같은 믿음의 모습이다. 교회 안에서 예배하는 것만큼 교회 밖의 이웃들에게 사랑을 나누며 사는 게 중요하다. 지금 나는 누구를 내 이웃이라 생각하고 있는가? 우리의 이웃은 하나님의 사랑이 필요한 사람들이다. 또한 하나님의 사랑을 베풀 수 있는 우리는 누군가의 이웃이다. 이웃이 하나님의 사랑을 경험하도록 돕는 것은 하나님께서 우리에게 명하신 소중한 계명이다.

외로움이 만연한 이 시대에 하나님은 누군가에게 곁을 내어 주기를 우리에게 부탁하신다. 곁을 내어 준다는 건 마음 둘 곳 없어 방황하는 우리 아이들, 사랑받지 못해 공허해 하는 사람들, 홀로 남은 것 같은 아픔을 머금은 사람들이 와서 버틸 수 있는 공간을 마련해 주는 것이다. 마음과 시간과 에너지와 물질 등을 나누며 그들이 내 삶에 들어와 거할 수 있게 하는 것이다.

예수님은 하나님의 사랑이 필요한 사람들에게 기꺼이 곁을 내어 주셨다. 우리에게 기꺼이 곁을 내어 주신 주님의 사랑을 경험할 때, 우리도 누군가에게 곁을 내어 주는 감각을 조금씩 익혀 가게 된다. 그럴 때 우리가 만나는 아이들, 가족, 이웃이 우리를 통해 하나님의 사랑을 경험하게 될 것이다. 그리고 그들도 누군가의 이웃이 되어 간다.

◎ 달팽이처럼

1. 내게 곁을 내어 준 사람을 마음에 떠올려 보세요. 그 사람을 통해 하나님의 어떤 마음을 경험했나요?

2. 내 곁을 내어 주어야 할 이웃이 주변에 있는지 돌아보세요. 내가 가진 것 중에 무엇을 그에게 나눠 줄 수 있나요?

> 내게 곁을 내어 주었던 사람들 덕에
> 하나님의 사랑을 경험했다.
> 나도 다른 이들의 이웃으로 살 수 있길.
> 아이들에게 이웃이 되어 주길.

저로 하여금 당신의 피조물들 안에서 제자리를 바로 찾도록 도와주시어 조금이나마 당신이 손수 하시는 일에 아름다움을 보탤 수 있게 하소서. ^ 야코프 뵈메

세상, 고백이 확장되는 자리

하나님을 기억하며 살아갈 때 우리는
하나님을 보여 주는 사람이 되어 간다.

"내일 일요일인데 아침 일찍 놀러 가자."

"안 돼, 내일은 교회 가야 해."

"너 때문에 다 같이 어딜 갈 수가 없어. 그냥 하루 빠져. 그런다고 큰일나냐?"

이런 대화가 여러 번 오가다 급기야 남자친구가 버럭 화를 낸다. "하여튼 교회 다니는 애들은 고집불통에다 고지식해. 도대체 교회가 뭔데? 하나님이 뭔데? 하나님은 원래 그러냐?"

내 방 창문 밑에서 연인 간에 오간 대화라 어쩔 수 없이(?) 듣다가 문득 이런 생각이 들었다. 세상 사람들에게 하나님은 어떤 존재일까? 그리스도인은 뭘까?

헨리 나우웬은 그리스도인을 가리켜 "하나님을 생각나게 하는 사람"이라고 했다. 성경도 세상 사람들이 우리를 통해 하나님을 보게 될 것이라고 말한다(창 1:26-28). 그러나 내 모습을 보면 영 자신이 없다. 누군가에게 뭘 보여 줄 만한 삶이 아니다. 하루에도 몇 번씩 오르락내리락 부침이 심한데 어떻게 하나님을 보여 줄 수 있단 말인가? 그런데 하나님은 이런 우리를 세상에 보내셨다. 나와 함께 하시고 싶은 일이 있어서다. 내가 있는 이 자리에서 나와 함께 하시고 싶은 일이 뭘까?

하나님은 사람을 자신의 형상으로 지은 다음에 아주 흡족해 하셨다. 그러고는 사람에게 이 땅의 모든 것을 아름답게 가꾸고 다스리는 소중한 일을 위임하셨다. 원래 하나님께서 하시는 일을 나눠 주신 것이다. 너무나 가치 있는 일이기 때문에 그렇게 하셨다. 아담에게 처음으로 부여하신 일은 각 생물에 이름을 붙이는 것이었다. 아담은 생물 하나하나에 이름을 붙이며 새로운 존재감을 부여하고 질서를 만들어 갔다.

우리는 어떻게 하나님을 보여 줄 수 있을까? 지금까지와는 조금 다른 시각과 행동으로 사람들을 대하고 일을 처리해 보자. 세상의 눈으로 보면 기존의 틀에 갇힐 수밖에 없다.

그러나 우리를 사랑하시는 하나님의 눈으로 보면, 이전과는 다르게 사람들과 세상이 보이기 시작할 것이다. 다른 방식으로 일하고 공부하며 가족과 친구, 이웃을 대하게 될 것이다. 사람들은 그런 우리를 보며 이렇게 이야기할 것이다. "어떻게 그 순간에 그렇게 행동할 수 있었어?" "너는 어떻게 저런 사람에게 그런 마음을 품을 수 있어?" 다들 우리의 선택을 궁금해 할 것이다.

우리 안에 계신 주님으로 인해 우리가 하는 작은 선택들이 세상에 하나님을 보여 주는 길이 된다. 하나님의 마음으로 세상을 가꾸기 위해 플라스틱 사용 줄이기, 음식 남기지 않기, 노약자에게 자리 양보하기, 갑질 안 하기 등 하나님을 기억하며 실천한 작은 선택이 세상 사람들에게 하나님의 메시지가 된다. 그들이 하나님의 주권을 인정하도록 돕는 길이 된다. 그렇게 우리는 조금씩 하나님을 보여 주는 사람이 되어 간다.

◎ 달팽이처럼

1. 지금 내가 하나님을 생각하며 이전과 조금 다르게 선택할 수 있는 일은 무엇인가요? 그 선택이 주변에 어떤 영향을 줄 것 같나요?
2. 하나님의 마음으로 세상을 품고 아름답게 가꿔 가기 위해 내가 할 수 있는 일을 적어 보세요.

> 하나님의 시선을 품은
> 우리의 작은 선택들로 세상 사람들에게
> 하나님을 느끼게 해줄 수 있다.
> 나는 하나님의 편지,
> 그리스도의 향기다.

오직 당신을 위하여 당신의 것만을 생각하도록 도와주소서. 당신은 이 세상에 뭔가를 위하여 저를 보내셨습니다. 주님, 그게 무엇인지 보여 주시고 한평생 그 일을 할 수 있도록 도와주소서. ^ 찰스 스펄전

삶의 자리

자라나기 위해 겪어야 할 성장통.
교사가 함께 머물러야 할 자리입니다.

생존, 가장 큰 기적

아이들에게는 '생존'이 '기적'이다.

"목사님, 중간고사 성적표 나왔어요. 그런데…… 수학이 38점이에요." 고등학생 한 아이가 내 방에 들어와서 한참을 쭈뼛거리다 말한다.

그 말을 듣는 순간 목사의 마음이 사라진다. "괜찮아. 다시 하자"라고 격려해야 하는데 그만 아버지의 마음이 밀려와 이렇게 호통치고 말았다. "야, 이놈아! 공부 좀 해. 너희 엄마와 할머니가 새벽마다 널 위해 울면서 기도하셔."

그러자 아이가 대답한다. "목사님이 말씀하셨잖아요. 하나님은 우리를 남김 없이 다 쓰신다고요. 헤헷~"

설교 때 내가 자주 하는 말이다. 그래도 그런 말을 자기 입으로 하나? 이런 상황에서? 그러면 안 되는데 나는 그만 아이에게 두루마리 휴지를 던졌다. 다행인지 불행인지 유연한 아이는 몸을 살짝 비틀어 피하면서 이렇게 덧붙인다. "목사님, 저는 기대가 많이 돼요. 하나님께서 저를 고쳐서 쓰려면 참 힘드실 테고, 그대로 쓰면 완전히 기적인데 도대체 어떻게 하실까요?"

다 맞는 말인데 너무 얄밉다. 도끼눈으로 쳐다 보니 아이도 민망한지 슬쩍 물러나며 한마디 남긴다. "목사님도 쓰시는데……." 그 말이 내 가슴속으로 슈웅 날아 들어와 깊이 내려앉는다. '맞아, 나 같은 사람도 하나님께서 이렇게 쓰시지 않는가? 아, 참 감사하다.'

잠시 후 아이의 뒤를 따라나선다. 아이는 벌써 일방통행 길을 따라 저 멀리 걸어간다. "○○아. ○○아." 불러도 뒤돌아보지 않는다. 나는 아이의 뒤통수에 대고 소리쳤다. "그래, 네가 나보다 낫다. 너 정도면 충분해." 아이는 고개를 돌리지 않은 채 손을 번쩍 들어 흔들며 제 길을 간다. 나는 그렇게 몇 번을 더 소리쳤다. 나의 영혼에, 그리고 세상에.

아이들은 자기에 대한 부모의 기대감을 감지한다. 웬만하면 잘해 보고 싶다. 기대를 충족시키고 싶다. 하지만 지금까지 잘 안 되었다. 앞으로도 잘 안 될 게 거의 확실하다. 그래서 마음이 좋지 않다. 시간이 지나도 해결할 수 없는 과제를 떠안은 느낌이다. 꼭 그러려는 건 아닌데 무력감이 들면서 자꾸 늘어진다. 어떤 사람은 이것을 '학습된 무기력'이라고 부른다. 아무리 노력해도 부모의 기대를 충족시키지 못할 자신에 대한 속상함과 부모에 대한 미안함을 안고 살아가는 아이들은 가끔 이런 생각을 한다. '잘못 태어난 거 아닌가?'

아니다. 잘못 태어난 아이가 어디 있는가? 잘못 대하는 어른이 있을 뿐이다. 하나님께서 만드신 아이들은 그분의 손길이 머무는 영혼이다. 하나님께서 아이들을 돌보신다. 자라게 하신다. 함께 좋은 일을 이루어 가신다. 아이들의 영혼과 생활에 관한 하나님의 계획이 우리 어른들의 기대와 요구를 훨씬 넘어 지금도 이루어지고 있다. 아이들이 살아 숨쉬는 한 계속될 것이다. 그러니 꼭 기억하자. 가장 큰 기적은 '생존'이다. 아이들에게는 '생존'이 '기적'이다.

◎ 달팽이처럼

1. 하나님의 기대를 한몸에 받고 있는 '나'라는 존재에게 마음껏 칭찬해 보세요.
2. 아이들 한 명 한 명을 떠올리며 기대하는 마음으로 존재에 대한 칭찬을 해보세요.

> 한 아이의 존재 자체가 귀하다.
> 그 영혼을 깊이 들여다보며
> 받아들일 수 있기를.

이 어두운 땅에서 거두어지기를 소원합니다. 이 어두운 육신에서 풀려나기를 소원합니다. 그때 저는 황홀한 기쁨으로 울겠지요. 당신 안에 살아서 그래서 제가 삽니다.
^ 십자가의 요한

일상, 질풍노도의 시기

아이들은 하루에도 수십 번
'살맛'과 '죽을맛' 사이를 왔다갔다 한다.

"선생님, 저 이번 수련회에서 은혜 받았어요." "목사님, 오늘 예배에서 은혜 받은 거 같아요." 이렇게 말하는 아이들이 가끔 있다. 그런 말을 들으면 대견하면서도 지금도 여전히 주님의 은혜를 배워 가는 나로선 '이 아이가 은혜가 뭔지 알고 하는 말인가?'라는 생각이 든다. 한술 더 뜨는 아이도 있다. "목사님, 저 요즘에 은혜가 떨어진 것 같아요." 나는 대답할 말을 찾지 못한다. 차마 "줍지 그러니? 내가 좀 주워 줄까?"라고 말할 수 없으니 그저 머뭇거린다.

선생님들에게 이런 속내를 털어놓으면 나와 비슷한 생각을 한다고 한다. 하지만 아이들이 말하지 않아도 저 아이는 요즘 '은혜를 누리는 것 같아' 혹은 '은혜를 누리지 못하는 것 같아'라고 느껴지는 경우가 종종 있다고 한다. 역시 우리 선생님들이다. 그러고 보니 내 눈에도 그런 모습이 들어온다. 은혜를 받았다고 스스로 말하거나 은혜를 누리는 것으로 보이는 아이들의 정서적 특징이 있다. 그런가 하면 은혜가 떨어졌다고 스스로 말하거나 은혜를 누리지 못하는 것으로 보이는 아이들의 정서적 특징이 있다.

전자의 세 가지 공통점은 첫째, 하나님이 자기 코앞에 계시다고 느낀다. 괜히 그렇게 느낀다. 구체적인 이유는 대지 못한다. 둘째, 자기가 참 소중하고 가치 있다고 느낀다. 괜히 그렇게 느낀다. 마찬가지로 구체적인 이유는 없다. 셋째, 대체로 모든 일이 잘 풀릴 것 같다고 느낀다. 어려움이 있어도 웬만하면 감당할 수 있을 것처럼 느낀다. 괜히 그렇다. 이 또한 이유는 없다. "은혜 받았다"고 말하는 아이들의 정서를 한마디로 말하면 "살맛 난다"이다.

후자의 세 가지 공통점은 첫째, 하나님이 멀리 떨어져 계신다고 느낀다. 그냥 그렇게 느낀다. 구체적인 이유는 없다. 둘째, 자기 자신이 무가치하게 여겨진다. 그냥 그렇게 느낀다. 셋째, 모든 일이 다 꼬일 것 같다는 생각이 든다. 그냥 그렇게 느낀다. 구체적인 이유는 없다. "은혜가 떨어졌다"라고 말하는 아이들의 정서를 한마디로 말하면 "죽을맛이다"이다.

아이들은 살맛 난다고 느끼다가도 금세 죽을맛이라고 느낀다. 또 죽을맛이라고 괴로워하다가도 금세 살맛 난다며 좋아한다. 하루에도 열두 번씩 '살맛'과 '죽을맛' 사이를 왔다갔다 한다. 이런 일이 수십 번, 아니 수백 번 반복된다. 아이들이 얼빠진 표정으로 앉아 있는 이유도, 전문가들이 아이들에게 '질풍노도의 시기'를 거치는 사람들이란 별명을 붙여 준 이유도 이 때문이다.

그렇다면 아이들을 들었다 놨다 하는 요인은 무엇일까? 아이들의 삶의 자리에선 도대체 어떤 일이 벌어지고 있는 것일까? 아이들의 삶의 자리로 들어가 하나씩 살펴보아야 한다.

◎ 달팽이처럼

1. 누구나 살면서 혼란을 겪습니다. 지금 나는 어떤 혼란을 겪고 있나요?

2. 이런 혼란을 겪도록 하나님께서 허락하신 이유가 무엇일까요? 그로 인해 내게 어떤 유익이 올 수 있을까요?

3. 우리 반 아이들이 겪고 있는 질풍노도의 혼란은 무엇인가요?

> 아이들의 혼란을
> 자연스러운 것으로 받아들이되
> 가벼운 것으로 여기지 말자.

당신이 저를 부르셨습니다. 저는 그 '왜?'를 모릅니다. 당신이 저를 의롭다고 하십니다. 저는 그 '어떻게?'를 모릅니다. 당신이 저를 영화롭게 하십니다. 저는 그 '언제?'를 모릅니다. ^ 에이미 카마이클

양육자, 아이를 비추는 거울

아이들은 양육자의 태도와 마음을
금세 알아차린다.

"너는 왜 그렇게 뒷심이 약하니? 시험이 코앞인데 퍼질러 자면 어떡해?" "너는 왜 교회에서 사람을 보고 인사를 안 하니?" 아이만 보면 잔소리하던 어느 집사님이 문득 이런 깨달음이 들었다고 한다. '얘가 나를 닮았구나. 나를 꼭 빼닮았어!' 그렇다. 아이들은 부모에게 가장 큰 영향을 받는다.

아이들은 부부 관계의 질감을 본능적으로 감지한다. 아버지가 어머니를 사랑하는지, 어머니가 아버지를 존중하는지 느낌으로 안다. 어릴 때 밖에서 놀다가 집에 들어오면 현관에서부터 집안 분위기가 감지되던 경험이 아마 있을 것이다. '어? 오늘 집에 무슨 일이 있는 거 같은데…….' 부부가 서로 존중하는 가정의 아이들은 다른 사람과 관계를 맺을 때 좋은 질감을 형성한다. 어른에게 정중하고 친구에게 따뜻하며 처음 만나는 사람에게 어색함을 덜 느끼고 어떻게 다가가야 할지 안다.

요즘에는 결손가정이 많다. 한 부모나 조부모와 사는 아이들이 늘어나고 있다. 별거 중이거나 정서적으로 별거 중인 부모와 사는 아이들도 많다. 이런 경우에는 어떻게 해야 할까? 상황을 회복시킬 수 있다면 좋지만 그럴 수 없다면 받아들여야 한다. 현실을 인정해야 한다. 대신 아이와 함께 생활하는 양육자가 (전)배우자에 대한 험담을 삼가야 한다. 그리고 사람들을 정중하고 부드럽고 따뜻하게 대하면 된다. 아이들은 양육자에게 사람 대하는 태도를 배우기 때문이다.

아이들은 부모가 가정과 직장, 교회, 지역사회에서 맡은 일을 어떻게 처리하는지 보면서 자란다. 크고 중요해 보이는 일을 처리할 때, 작고 소소한 일을 처리할 때 부모가 어떤 태도와 마음으로 임하는지 감지한다. 다른 사람이 볼 때 혹은 보지 않을 때 어떻게 일 처리를 하는지 지켜본다. 하나님께서 맡기신 일로 받아들이고 정성을 들이는지, 자기를 과시하기 위해 성과를 부풀리고 포장하는지를 본다. 본 대로 배우고 익힌다.

소비 중심의 사회 구조 속에서 부모는 성실하게 일한 대가를 받으면 마음으로 정한 것을 하나님께 드리고, 조금이라도 저축하고, 빚을 갚아 가고, 검소한 소비생활을 하며, 소외된 이웃과 나누며 살아가야 한다. 아이들은 부모가 규모 있게 재정 생활하는 모습을 보며 삶의 안정감을 느낀다. 가난해도 안정된 아이가 있는가 하면 부유해도 불안정한 아이가 있는 것은 그 때문이다.

아이에게 삶에 대한 바른 자세를 유산으로 물려주고 싶다면 지금 당신 앞에 있는 한 사람을 정중하게 대하고, 당신이 맡은 작은 일에 정성을 다하라.

◎ **달팽이처럼**

1. 양육자에게 받은 긍정적, 부정적 메시지는 각각 무엇인가요? 각각의 메시지가 내 삶에 어떤 양분이 되었는지 적어 보세요.
2. 아이들에게 어떤 모습을 비춰 주는 거울이 되고 싶은가요?

> 아이가 자라나기를
> 바라는 모습대로
> 내가 살아갈 수 있기를.
> 우리 아이들은 내 모습 속에서
> 무엇을 보길 기대하고 있을까?

주님, 우리로 하여금 중심으로 당신을 믿고, 입술로 당신을 말하고, 당신 계명을 우리 몸으로 실천할 수 있음을 행실로 증명케 하소서. ^ 오리게네스

진로, 영적 자긍심

아이에게 줄 수 있는 가장 큰 선물은
영적 자긍심이다.

청소년에게 교회 수련회에 참석한 이유를 물으면 가장 많이 나오는 대답이 "나의 진로에 대한 하나님의 뜻을 알고 싶어서"다. "의사든 경찰이든 하나님이 원하시는 길을 알면 뭐든 열심히 할 수 있을 것 같아요"라고 말한다.

아이가 이렇게 이야기하는데 힘을 다해 돕지 않을 목회자가 어디 있겠는가? 밤새도록 아이의 이름을 부르며 기도한다. "하나님, ○○이 뭐 시키실 거예요? 이 아이가 알아들을 수 있게 말씀해 주세요. 제발 부탁드려요."

"목사님, 저 사회복지사가 될 거예요." 수련회를 마치고 나면 몇몇 아이들이 기도 응답을 받았다며 자랑스럽게 말한다. 뭐가 그리 좋은지 싱글거리며 공부도 나름대로 열심히 한다. 그러다 두 달 정도 지나면 다시 찾아오는데 표정이 시무룩하다.

"저 사회복지사 안 할래요."

"왜?"

"공부가 힘들어요."

"공부는 원래 힘든 거야."

"힘들어도 너무 힘들어요. 하나님의 뜻이 아닌 거 같아요. 다시 기도해 주세요."

순진한 목회자는 그 아이를 붙들고 또 간절히 기도한다. 그렇게 몇 번 반복하고 나면 알게 된다. "하나님의 뜻을 알면 온 힘을 다해 따르겠다"는 건 스스로를 속이는 거짓말이다. 아이들은 하나님의 뜻을 알아도 따를 힘이 없다. 아이들은 하나님의 뜻대로 살 수 있는 힘을 달라고 매일 엎드려 우는 것부터 배워야 한다.

아이들이 수련회에서 자기 '진로'를 확인하고 싶어 하는 것은 단순히 자기가 앞으로 무슨 일을 하게 될지 궁금해서가 아니다. 대학생의 70-80퍼센트가 자기 전공에 회의를 품고 평생 직업의 개념도 사라지지 않았는가. 아이들이 특정 직업에 집착(?)하는 것은 잠시라도 '하나님이 내게 이런 일 시키실 거야' 같은 확신을 가지고 싶어서다. 자신이 하나님과 굵은 끈으로 연결되어 있다고 믿고 싶어서다. 그런 끈이라도 붙들어야 현실을 버틸 수 있기 때문이다. 부모님과 서먹하게 지내는 게 힘드니까, 아침마다 학교에 가는 게 힘드니까, 교과를 따라가기가 힘드니까, 성적표를 받아드는 게 힘드니까, 친구들과 쿨한 척 지내는 게 힘드니까, 예배 때 멍 하니 앉아 있는 게 힘드니까, 나와 연예인의 스타일 차이를 인정하는 게 힘드니까. 고단한 일상을 버티기 위해 붙들 게 필요한 것이다.

교회학교 교사가 아이들에게 해줄 수 있는 가장 큰 선물은 영적 자긍심을 불어넣어 주는 것이다. 무슨 일을 할지, 누구와 살지, 어디서 살지 잘 모르지만 하나님께서 나와 동행하며 귀한 일을 이루실 것이라는 확신 말이다. 아이들이 그런 확신에서 오는 안정감을 근거로 자유롭게 진로를 탐색하고 직업을 선택할 수 있도록 도와야 한다.

◎ **달팽이처럼**

1. 하나님께서 나와 함께 하시고 싶은 일이 있어 나를 이 땅에 보내셨다고 생각해 본 적이 있나요? 어떤 일일지 지금 한번 생각해 보세요.

2. 아이들에게 "하나님은 너와 함께 하시고 싶은 일이 있어!"라고 따듯하게 알려 줄 수 있는 손 편지를 써 보세요.

> 하나님이 너와 함께 일하시고 싶대.
> 내가 하는 일을 주님과 함께!

당신의 말씀을 읽을 때 말씀하시는 당신을 듣게 하시고, 한 장 한 장 넘기며 읽을 때 당신의 모습을 뵙게 하소서. 당신의 교훈을 실천에 옮기려 할 때 제 가슴을 기쁨으로 채워 주소서. ^ 나지안주스의 그레고리우스

성적, 성실로 넘는 허들

성적은 성공의 티켓이 아니다.
성실로 넘어서는 허들이다.

"목사님, 저 이번 시험 반에서 1등 했어요." 아이는 내 앞에서 그렇게 말하고 한동안 울음을 그치지 못했다. 이윽고 깊은 한숨을 쉰 후 자기 이야기를 들려 준다. 아이의 아버지는 의과대 교수이고 어머니는 미술대 교수란다. 할아버지는 고위 공직자였고 친인척 어른들이 대부분 그렇다고 했다. 사촌들은 모두 장학금을 받고 외국의 유명 대학에 다니고 있다니 보통 '화려한' 가문이 아니다.

"겨우 반에서 1등 해서 나중에 뭐가 되려고 하니?" 부모는 아이를 '진심으로' 나무란다. 반에서 1등하는 청소년이 서울에만 수만 명이고 전국에 넘쳐난다는 것이 이유다. 아이는 시험을 준비할 때마다 자신이 반에서 1등 할 것을 알면서도 우울하고 고통스럽다고 했다. 청소년 목회 현장에서 이런 아이들을 많이 만나 보았다. 우리 주변에는 좋은 성적을 받으면서도 우울한 아이들이 많다.

공부와 시험에 담 쌓고 사는 것처럼 보이는 아이들도 스트레스를 받기는 마찬가지다. 시험 기간에는 수업이 없다. 얼른 시험지를 제출하고 학교를 나와 어디론가 놀러가는 아이를 길에서 만났다. 가벼운 가방, 들뜬 발걸음, 시험 기간인데 오히려 얼굴이 더 좋아 보인다.

"어디 가니?"

"놀러요!"

"그렇구나. 마음 편히 놀고 주일에 교회에서 만나자."

"에이, 마음이 편하진 않아요. 저도 성적 때문에 스트레스 받아요."

이 땅에 발 딛고 사는 한 모두가 성적 때문에 스트레스를 받고 있다. 부모와 아이들은 지금의 성적이 인생의 성공과 직결된다고 생각한다. 당장 받은 과목별 성적이 입시, 입사, 결혼, 승진, 육아, 그리고 노후와 밀접하게 연결된다고 생각한다. 하지만 토마스 스텐리가 이끄는 연구팀은 10년 간의 추적 조사를 통해 학교 성적과 업무 능력의 연관성이 거의 없음을 밝혀 냈다. 다른 연구팀의 조사에서도 수능 성적과 업무 능력의 연관성이 10-20퍼센트 이내임을 밝혀 냈다.

시험이란 학생이 성장할 수 있도록 돕기 위해 마련한 배려다. 아이들은 강의를 듣고 과제를 완수하고 시험을 치고 오답을 정리하고 성적표를 받는 과정을 통해 조금씩 성장한다. 이렇게 공부하니 결과가 좋고 저렇게 공부하니 좋지 않다는 것을 느끼며 자기에게 맞는 학습 방식을 탐색한다. 성적은 성공의 문으로 들어가는 티켓이 아니라 성실로 넘어야 하는 허들이다.

성경은 다윗이 양을 얼마나 많이 돌보았는지 기록하지 않는다. 다만 양 한 마리를 지키기 위해 정성을 다했음을 기록한다. 하나님은 우리 아이들에게 "너 몇 등이니?"가 아니라 "네 앞에 펼친 책을 주의 깊게 읽고 있니?"라고 물으신다.

◎ 달팽이처럼

1. 나는 주어진 일을 어떤 마음으로 하고 있나요? 좀더 성실해야 할 일이 있나요?
2. 아이들이 성실하게 자기 삶을 가꿀 수 있도록 교사로서 어떤 도움을 줄 수 있을까요?
3. 배움을 위해 애쓰고 있는 아이들에게 따뜻한 격려의 말을 한마디 해주세요.

> 삶을 정성스럽게 대하는
> 태도를 배울 수 있길.
> 지금 내딛는 한 걸음 한 걸음을
> 소중히 여기는 삶을 살아가길.

언제 어디서나 눈을 들어 위를 바라보는 법을 가르쳐 주시고 기도로써 하늘나라 비밀을 탐색하게 하소서. 하늘나라를 보는 눈길로 땅에서 짓는 우리의 행실을 인도하게 하소서. ^ 파피루스 기도문

친구, 또다른 자기 정체성

친구는 아이들에게 자기 정체성과 같다.
자기 정체성보다 더 소중하게 생각할 수 있다.

"걔 그렇게 나쁜 아이 아니에요. 좋은 아이에요." 약속 시간보다 늦게 귀가한 아들에게 "너 그 아이 만나면 꼭 늦게 들어오더라"라고 한마디했더니 아들이 발끈하며 대꾸한다. 아이들은 자기를 탓하는 말은 웬만하면 참지만 친구를 탓하는 말은 잘 참지 못한다. 친구는 아이들에게 자기 정체성과 같기 때문이다. 어쩌면 자기 정체성보다 더 소중한지도 모른다.

아이들은 급격하게 변화하는 자신이 낯설다. 사람을 대하는 게 어색하고 상황에 대처하는 게 영 어설프다. 그러니 어른들이 볼 때는 얼마나 더 낯설까? '낯설다'는 많이 순화시킨 말이고 사실은 '속 터진다.' 겉으로 표현 안 해도 아이들은 어른의 마음을 읽는다. 아무 소리 안 하고 바라보는 부모의 눈에서 이런 말을 읽는다. '너 언제 사람답게 살래?' 학교 선생님의 눈에선 이런 말을 읽는다. '그 성적으로는 갈 데 없다.' 교회 선생님 눈에선 이런 말을 읽는다. '제발 영적인 데 관심 좀 가져 봐.'

어린이와 청소년을 대상으로 '자기 신뢰도'를 측정 조사한 연구에서 우리나라가 OECD 국가 중 최하위를 차지했다. 우리 아이들이 자기 자신을 신뢰하지 못한다. 다른 사람도 신뢰하지 못한다. 그래서 하나님도 신뢰하지 못한다. 왜 그럴까? 어른들에게 신뢰를 받아 본 경험이 없기 때문이다. 신뢰한다는 게 무엇인지 잘 모른다. 아이들은 자신을 '못마땅한 존재'로 인식한다. 자기를 바라보는 어른의 시선이 투영된 것이다. 그래서 어른과 함께 있으면 불편해 한다.

한편 친구들은 다르다. 서로 심한 욕을 섞어 가며 비난하는 것 같아도 기껏해야 표정, 옷차림, 말투, 몸짓 등 겉모양에 관한 내용이다. 성품, 내면, 본질, 미래 등 존재 자체에 대한 비난은 거의 없다. 서로를 그냥 놔둘 줄 안다. 그래서 같이 있으면 마음이 편하다. 별일 없어도 만나고 할 게 없어도 만난다. 한번 만나면 헤어질 줄 모르고 헤어졌다가도 금세 다시 만난다.

그러니 아이의 친구를 비난하는 것은 절대 삼가야 한다. 아이들은 누군가가 자기 친구를 비난하면 절벽 아래로 떨어지는 듯한 느낌이 든다고 한다. 부모는 아이의 친구들과 좋은 관계를 맺기 위해 노력해야 한다. 아이 친구의 부모와도 알고 지내는 것이 좋다. 집으로 초대해 함께 시간을 보내고 운동하고 나들이를 가는 것도 좋다.

교회학교 교사도 마찬가지다. 반 아이들의 친구와 알고 지내는 것이 좋다. 아이의 친구들을 만나고 함께 밥 먹으며 대화를 나눠 보자. 가능하다면 여행을 하는 것도 좋다. 아이들은 자기 친구들을 존중하는 선생님의 모습에서 우리의 친구가 되어 주신 예수님에 대한 힌트를 얻는다.

◎ **달팽이처럼**

1. 나의 존재만큼 소중한 것, 나의 정체성을 대신한다고 느끼는 것이 있나요? 그 이유는 무엇인가요?
2. 반 아이 친구들의 이름과 특징을 적고, 그 친구들을 위해서도 기도해 주세요.

> 우리 아이 곁에는
> 어떤 친구들이 있을까?
> 그 아이들과도 친구처럼
> 지내 봐야겠다.

오, 하나님. 우리는 당신과 하나입니다. 우리가 서로에게 자기를 열어 놓으면 당신이 우리 안에 거하신다고, 그렇게 당신은 우리를 가르치셨습니다. 이 열려 있음을 유지할 수 있도록, 온 마음으로 그것을 위해 싸울 수 있도록 우리를 도와주십시오. ^ 토마스 머튼

외모, 영혼의 등불

아이들에게 외모는 영혼의 등불이다.

"목사님, 안녕하세요?" 낯선 아이가 다가와 반갑게 인사한다.

"누구…… 신지요?"

"어머, 목사님, 저 ○○예요."

그제야 어렴풋이 알아볼 것 같다. "너…… 왜 이렇게 된 거니? 어떻게 된 거야? 도대체 누가 널 이렇게 만들었어?"

아이가 쑥스러워하며 대답한다. "저 쌍수 했어요."

외모를 포기한 아이들? 그런 아이는 없다. 포기한 게 아니라 다음을 기약하는 것이다. 방학이 오기를 기다린다. 우리 아이들은 시술과 수술 사이를 오가면서라도 "예쁘다"는 소리를 듣고 싶어 한다(나는 쌍꺼풀 수술한 아이에게 나중에 보정 수술 할 때는 꼭 같이 가자고 약속했다. 서약서도 쓰게 했다).

청소년에게 외모는 영혼의 등불과 같다. 이 등불은 보통 열 살에서 열다섯 살 사이에 점화된다. 한번 붙으면 좀처럼 꺼지지 않는다. 이 불이 붙으면 아이들이 갑자기 변한다.

안 씻어서 머리에서 닭똥냄새 나던 아이가 씻기 시작한다. 얼굴에 물 말고는 바르지 않던 아이가 이것저것 골라 바르기 시작한다. 몸이 들어가면 아무거나 걸쳐 입던 아이가 "저런 건 안 입어" 소리를 하기 시작한다. 화장실에 한번 들어가면 한 시간이 다 되도록 나오지 않는다. 나오라고 밖에서 소리쳐도 안 나온다. 어른 이야기를 무시해서가 아니다. 남자아이들은 머리를 세우고 귀 옆에 붙이고 자연스럽게 흘러내리게 하려면 한 시간으론 부족하다. 여자아이들은 화장 안 한 것처럼 화장하는 게 얼마나 중요한지 모른다. 마무리는 역시 옷차림인데 너무 신경 쓴 티가 나지 않고 자연스러워야 한다.

아이들에게 외모의 기준은 연예인이다. 연예인이 입은 옷과 머리 스타일을 따라한다. 그런데 막상 현실은 기대를 따라가지 못한다. 도무지 모양이 나지 않는다. 그러니 괴롭다. 다리를 잡아서 길게 늘이고 싶다. 엉덩이를 덜어내고 올려붙이고 싶다. 뱃살을 태우고 싶다. 머리가 좀더 작으면 좋겠다. 거울을 볼 때마다 미칠 지경이다. 왜 그럴까? 노력해도 안 되는 부분이 아이들을 못 견디게 하기 때문이다.

"너 왜 그렇게 외모에 신경을 쓰니? 주님은 옷 하나 걸치지 못하고 십자가를 지셨어." 이렇게 말하는 어른이 있다면 아이들은 자기 영혼의 불꽃을 꺼트리려고 위협하는 사람으로 느낄 것이다. 변화는 위협으로 이루어지지 않는다. 아이들이 자기 외모를 받아들일 때까지 기다려야 한다. 당신과 내가 그랬던 것처럼 말이다. 그날이 오고 있다.

훈계하는 대신에 아이의 외모를 연구하라. 예쁜 구석을 찾아서 칭찬하라. 찾기 힘들더라도 열심히 찾으면 보인다. "눈빛이 좋다." "피부가 밝다." "귓불이 근사하다." "이마가 멋진데." "턱선이 예술이야." 당신이 어릴 때 듣고 싶었던 외모에 대한 칭찬을 아이들에게 해주라.

◎ 달팽이처럼

1. 어릴 적에 가장 고민되었던 나의 외모는 어디인가요? 지금은 어떤가요?

2. 외모에 대해 나에게 무슨 말을 해주고 싶나요? 하나님께서 보시기엔 어떨까요?

3. 반 아이들의 이름 앞에 외모에 대한 칭찬을 구체적으로 붙여 보세요(예: "눈빛이 맑은 세연이").

> 나도 찾아보면 예쁜 구석이 있다.
> 이 아이도 분명 예쁜 구석이 있어!
> 찾아보자!

주님, 우리로 하여금 당신의 아름다움을 함께 즐기도록, 언제 어디서나 당신을 뵙게 해주십시오. 당신을 소유하려 하지 말고 당신에게 소유되게 해주십시오. ^ 헨리 주조

성격, 받아들여야 할 멍에

우리의 성격에서 비롯된 아픈 동거가
공감의 폭을 넓고 깊게 해준다.

"목사님…… 제 성격 때문에…… 미치겠어요."

깊은 밤 한 아이에게 걸려온 전화다. 아이는 그렇게 말하고 조용히 흐느끼기만 한다. 순간 잠이 싹 달아난다. 수화기 건너편에선 여전히 말없이 흐느낀다. 시간이 흐른다. 나도 말없이 기다린다. 졸음이 밀려온다.

"목사님…… 혹시 주무세요?"

"아니, 듣고 있어."

아이는 또 말없이 흐느낀다. 그렇게 두 시간이 흐른다. 아이는 "목사님…… 제 성격 때문에…… 미치겠어요"라는 말을 마지막으로 남기고 전화를 끊는다. 어이없다. 날이 밝아오고 있다. '얘야, 나는 너 때문에 미치겠다.'

그 아이 말고도 적지 않은 아이들이 그랬다. 한밤중에 전화해서 말도 하지 못하고 흐느끼기만 하다가 자기 성격 때문에 괴롭다고 토로했다. 그래서 나는 성격에 대해 공부하기 시작했다. 에니어그램, MBTI, DISC 등에 관한 책을 찾아보고 그 분야에 이해가 깊은 사람들에게 설명도 들었다. 수련회에 전문가를 초청해 목회자인 나와 선생님들, 아이들의 성격 유형을 탐색하고 자신에 대해 이해하는 시간을 가졌다. 유익했고 다들 재미있어 했다.

그러나 이후에도 "목사님, 제 성격 때문에 미치겠어요"라는 전화는 여전히 걸려 왔다. 그제서야 알았다. 아이들이 말하는 '성격'은 그런 성격이 아니었다. 아이들이 말하는 성격이란 '성질', 보통은 '성깔'이라고 표현하는 것이었다. 아이들은 공동체 안에서 종교적 체험을 하는 과정에서 스스로에게 다짐한다. "하나님의 사람으로 새롭게 살겠습니다"라고 하나님께 고백한다. "나 이제부터 새 삶을 살기로 했어"라고 가족과 친구에게도 다짐한다. 잘해 보겠다는 의지의 표현이다.

하지만 고단한 일상이 우리 아이들을 그냥 놔둘 리 없다. 아이들이 힘겨워서 예민해 있을 때 "하나님께 순종하려면 먼저 부모에게 순종해야지"라는 아빠의 말이, "하나님 나라를 위해 일한다면서 자기 방 정리는 안 하니?"라는 엄마의 말이, "잃어버린 영혼을 구한다면서 친구의 마음도 배려할 줄 모르냐?"라는 친구의 말이 정서의 도화선에 불을 댕긴다. 그리고 아이는 폭발한다. 정신을 차려 보면 '그렇게까지 성질낼 필요는 없었는데' 하는 후회가 들고 자괴감에 빠진다. 자기는 여전히 구원받지 못한 것 같고, 천국 가지 못할 것 같고, 자기 가정에만 성령님이 안 계신 것 같다.

"왜 그랬어? 화나도 꾹 참고 순종하며 그리스도인답게 살아야지"라고 아이에게 말하지 말라. 우리도 못하는 것을 아이에게 시키지 말라. 대신에 가족은 서로 다르지만 함께 먹고 사는 사람들이라고, 그래서 항상 크고 작은 갈등이 있다고, 나도 그렇다고, 예수님의 제자들도 싸우지 않았느냐고, 나중에 나아질 거라고, 지금도 조금씩 나아지고 있다고, 그러니 너무 자책하지 말라고, 아픈 동거가 공감의 폭을 넓고 깊게 한다고 말해 주라. 그렇게 우리는 세상의 아픈 역사와 지친 세계에 공감하는 사람이 되어 간다.

◎ 달팽이처럼

1. 나의 성격 중 밝은 면과 어두운 면이 각각 나의 삶에 준 긍정적인 영향은 무엇인가요?
2. 성격 때문에 힘들어하는 아이에게 들려 주고 싶은 말을 적어 보세요.

내 성격도 참~ 그래.
이런 나도
하나님이 사랑하시더라.

오, 세상을 구원하신 주님. 사랑이신 당신을 알지 못한 채 어둠의 수렁에서 길 잃고 헤매는 자들을 위하여 기도하는 법을 가르쳐 주십시오. 괴로워하는 이들과 함께 괴로워하고, 필요하다면 그들과 함께 어둠 속으로 들어가길 겁내지 않는 마음으로 기도하는 법을 가르쳐 주십시오. ^ 엘리자베스 굿지

스마트폰, 소통을 위한 장기

이 물건을 어떻게 써야 할지 아이들과 솔직하게
이야기를 나눌 때가 되었다.

"라면 먹으면서 컴퓨터 하면 안 된다." 냄비를 들고 컴퓨터 책상 앞으로 가는 딸에게 말했더니 아이가 머쓱한 표정으로 다시 식탁으로 돌아왔다. 다소 어색한 분위기에서 식사를 마치고 서재로 돌아온 나는 생각한다. '왜 라면을 먹으면서 컴퓨터를 하면 안 되지?' 딱히 이유가 생각나지 않는다.

나는 아이에게 가서 물었다. "왜 라면 먹으면서 컴퓨터 하면 안 될까?"

잠시 생각하던 아이가 대답했다. "라면 맛을 만끽할 수 없으니까?"

우리는 같이 배시시 웃었다.

그렇다. 우리도 모른다. 인터넷이 인류의 역사에 등장한 지 얼마 안 되었기 때문이다. 스마트폰은 더 그렇다. 우리도 이 물건을 어떻게 활용해야 하는지 아직 배우지 못했다. 하루에 얼마나 사용하면 인체에 해롭지 않은지, 아무리 편리해도 어떤 일은 옛날 방식으로 하는 게 더 좋은 건지, 사람들과 함께 있을 때는 어떻게 써야 하는지, 손에서 놓지 못하는 지경이 되면 우리의 마음은 어떤 상태가 되는지 우리도 아직 잘 모른다.

우리가 이렇게 우왕좌왕하는 사이에 세상은 빠르게 변해 간다. 기업은 모든 기술력을 동원해 손에 착착 감기는 스마트폰을 제작하고, 정부는 기업의 기술력과 상품을 국가 경제 발전의 동력으로 삼기 위해 정책적으로 지지한다. 그러는 사이에 교회는 놀이공원에서 부모 손을 놓친 어린아이처럼 눈만 껌벅껌벅했다. 이제 남녀노소 할 것 없이 스마트폰을 들여다보는 세상이 되었다. 거의 모든 청소년과 어린이들이 스마트폰을 손에서 놓지 않는다. 심지어 유아들까지.

특히 청소년들은 스마트폰을 자기 몸의 일부로 여긴다. 친한 친구들과 한 방에서 둘러앉아 히히거리며 대화하는 중에도 스마트폰에서 눈을 떼지 못한다. 가족과 식사할 때, 혼자 공부할 때, 영화 볼 때, 운동할 때, 예배할 때, 잠자리에 들면서, 아니 잠자면서도 스마트폰을 손에서 놓지 못한다. 이제 스마트폰은 친구와 소통하고 세상에 공존하는 데 필요한 도구, 아니 아예 장기(臟器)가 되었다.

부모가 으름장과 애걸 사이에서 신음하듯 "스마트폰 좀 그만하지"라고 말하면, 아이는 신체 중 하나를 자르라는 소리라도 들은 양 짜증을 낸다. 그도 그럴 것이 스마트폰에 몰입한 아이의 뇌는 폭탄주나 마약에 취한 어른의 뇌와 같은 상태가 된다고 한다. 충동을 억제하지 못하고 분노를 터트리거나 우울감에 빠져든다.

이제 겸허히 돌아보아야 한다. 거의 모든 아이들이 스마트폰을 들고 다니는 사회 구조를 만들어 가는 우리 어른들의 미성숙한 선택을. 우리도 어떻게 사용할지 몰라 점점 중독에 빠져들고 있다는 사실을. 이제 이 물건을 어떻게 활용할지에 대해 우리 아이들과 솔직하게 이야기를 나눌 때가 되었다.

◎ 달팽이처럼

1. "내게 스마트폰이란?" 주제로 아이들과 이야기를 나눠 보세요.
2. 건강한 스마트폰 사용 실천 가이드를 함께 만들어 보세요.

  * 건강한 스마트폰 사용을 위해 도움을 받을 수 있는 자료를 참고해 보세요. 스마트폰 과의존 예방·상담 사이트 '스마트쉼센터' iapc.or.kr

    1) 스마트폰 과의존 진단
    2) 스마트폰 바른 사용 실천 가이드

> 스마트폰을 유용하고 편리하게 사용하는 건강한 방법이 뭘까? 이것은 우리가 힘을 합쳐 풀어야 할 숙제다.

오, 아버지. 저에게 은총을 베푸시어 저의 우유부단을 부끄러워하게 하소서. 저를 게으름과 냉담에서 일으키시고 온 마음으로 당신을 갈망하게 하소서. ^ 존 헨리 뉴먼

성경적 메시지

영혼을 건강하게 살찌우는
하나님 이야기.
교사가 정성껏 먹여야 할
영혼의 양식입니다.

믿음, 언약을 신뢰하기

믿음은 성경에 나타난 하나님의 언약이
내 인생 가운데 성취될 것을 신뢰하는 것이다.

"하나님이 나만 싫어하시나 봐요." 성적표를 받아든 아이가 힘없이 고백한다.

'성적이 조금만 더 오르면 좋겠어요. 하나님!' 그동안 아이는 참 간절히 기도했다. 학교 가기 전에, 학원 끝나고 집에 가다가 교회에 들러 구석에 쪼그리고 앉아 간절히 기도했다. 공부도 참 열심히 했다. 시간과 에너지와 마음을 알뜰하게 썼다. 하나님 나라와 가족을 위해 자신이 할 수 있는 게 공부밖에 없다고 생각했기 때문이다. 그리고 내심 기대하며 시험을 치렀는데 오히려 성적이 떨어지다니…….

먹고 살기 힘든 시절, 내일을 잃어버린 사람들을 붙들고 교회는 소리쳤다. "힘내세요. 포기하지 마세요. 하나님께서 모든 문제를 해결해 주십니다. 병도 낫고 돈도 벌고 자식이 잘 될 겁니다. 천국도 갈 수 있습니다." 교회는 복음을 선포했다. 그야말로 좋은 소식이었다. 그렇게 교우가 된 사람들은 죽음 같은 현실을 넘어 천국을 맛보았다. 믿음은 어느새 '내가 원하는 것을 하나님으로부터 얻어 내는 능력'이 되었다.

혹시 우리 아이들이 이런 식으로 '믿음'을 배운 건 아닐까? 아이들은 부모에게 용돈을 기대하듯 하나님에게 얻고 싶은 게 많다. 아빠와 엄마의 관계가 회복되기를, 가정 형편과 분위기가 안정되기를, 인생에 대한 전망이 활짝 열리기를, 성적이 오르기를, 친구 관계가 깊어지고 유쾌하기를, 외모가 연예인 닮기를, 성격이 쿨 하면서도 매력적이기를, 그리고 다양한 중독 증세가 나아지기를 원한다. 아이들은 이런 문제를 놓고 눈물 겹게 기도한다.

알다시피 우리의 일상은 문제로 가득하다. '센' 기도 한두 번으로 해결될 일이 아니다. 인생은 감사함으로 받아들이고 농부처럼 가꿔야 하는 게 아니던가? 이 엄연한 사실을 놓친 채 자기가 원하는 것을 얻어 낼 요량으로 하나님 앞에 엎드린 아이들은 별 소득(?)을 얻지 못하면 생각이 복잡해진다. '하나님이 나만 싫어하시나?' '내가 믿음이 아직 부족한가?'

'하나님이 없는 거 아닐까?' 정서적으로 충격을 받는다. 이는 영적 침체로 이어진다.

우리 아이들에게 진정한 믿음이 무엇인지 가르쳐 줘야 한다. 진정한 믿음이란 '성경에 나타난 하나님의 언약이 내 인생 가운데 성취될 것을 신뢰하는 것'이다. 성경에는 하나님께서 믿음의 사람에게 하신 약속이 기록되어 있다. 우리는 아이들에게 하나님의 약속이 지닌 가치와, 그 약속을 신뢰하고 살아간 사람들이 누리는 아름답고 의미 있는 인생을 보여 줘야 한다. 주님의 뜻이, 주님의 방법으로, 주님의 때에 온전히 성취될 것을 신뢰하고 기다리는 사람의 담대한 여유를 누릴 수 있도록 안내해야 한다.

◎ 달팽이처럼

1. 최근에 간절하게 기도하는(기도했던) 일은 무엇인가요? 하나님의 약속을 신뢰하며 감사함으로 받아들여야 할 일과, 농부처럼 가꿔 가야 할 일이 무엇인지 생각해 보세요.

2. 하나님의 약속을 신뢰하며 살아간 사람들(성경과 일상 모두에서)의 이야기를 아이들과 나눠 보세요(예: 꿈꾸게 하신 하나님의 약속을 따라 걸어간 요셉).

하나님의 언약이 내 인생 가운데
성취될 것을 기대하여 기도하기!

당신을 아는 우리 지식이 더욱 밝아져 당신 축복의 숨결, 당신 약속의 길이, 당신 자비의 높이, 당신 심판의 깊이를 알게 하소서. ˆ아시시의 프란체스코

영성, 주님의 눈으로 보기

영성은 주님의 시선으로 나 자신과
세상을 바라보는 것이다.

"목사님, 아이가 좀 이상해요. 가 보셔야겠어요." 해외문화 선교여행에 동행한 선생님 한 분이 다급하게 와서 말했다. 무대 뒤 대기실로 달려가 보니 한 아이가 발작을 일으키고 있었다. 눈동자가 돌아가고 호흡이 거칠고 몸을 가누지 못했다. 아이는 일그러져 가는 얼굴로 "무서워요. 무서워요"라고 말했다. 어눌한 발음이 듣기 거북했다. 선생님들은 그 아이가 귀신 들렸다고 생각하는 것 같았다. 나도 그런 느낌이 들었다. 아이들은 몹시 두려워했다. 어떤 아이들은 이 구석 저 구석으로 피해 다니며 울었다. 나중에 들어보니 귀신이 날아다니다가 자기에게 들어올 것 같아서 그랬다고 한다.

대기실을 둘러보았다. 한눈에 보아도 80명의 아이들이 공연이 진행되는 90분 동안 대기하기엔 비좁았다. 천장 아래 달린 창문은 사람은커녕 건물이 숨쉬기에도 모자라 보였다. 공산주의 체제에서 엿새 간 일정을 보내면서 아이들의 몸과 마음이 상당히 지친 것 같았다. 그러고 보니 아이의 발작은 전형적인 과호흡 증상이었다. 응급조치를 취하고 쉬게 하니 아이는 안정을 찾았다. 공연의 마지막 순서는 근사하게 함께 할 수 있었다.

신앙에는 신비한 부분이 있다. 하지만 신비로운 부분을 과도하게 강조하다 보면 성령 하나님께서 각 사람에게 선물하시는 것 중에서 방언, 통변, 예언, 축귀 등과 같이 드러나는 체험에 집착하기 쉽다. 목회자와 교사가 그러면 아이들도 그런다. 큰소리로 오래 기도하는 친구, 일어서거나 앞자리로 뛰어나와 열정적으로 찬양하는 친구, 설교 시간에 소리 내어 "아멘" 하는 친구를 영적이라고 여긴다. 우리 교회에는 그런 아이가 몇 명이나 될까? 나머지 대부분의 아이들은 그런 아이를 보며 이렇게 생각하지 않을까? '나는 영적이지 못해.' '나는 하나님과 친하지 않아.' '나이를 더 먹으면 나도 영적인 사람이 될 수 있을까?' '아, 몰라. 그냥 이렇게 살래.'

영성은 '주님의 시선으로 나 자신과 세상을 바라보는 것'이다. 교사는 아이들이 오직 주님의 눈으로 자신과 세상을 바라볼 수 있도록 도와야 한다. 하나님의 사랑 가득한 시선을 아이들이 감지할 수 있도록 도와야 한다. 하나님의 사람으로서 잘 살고 싶다고 다짐하는 아이, 일상 속에서 자신의 연약함과 악독함 때문에 무너지는 아이, 스스로에게 실망하고 다시 일어날 힘이 없어 주저앉는 아이가 주변에 있지 않은지 돌아보라. 그 아이들이 자기를 바라보시는 하나님의 시선을 느끼고 받아들이며 다시 일어서도록 도와야 한다.

아이들을 돕고 싶다면 교사가 먼저 주님의 눈으로 자기 자신과 세상을 바라보는 것이 자연스러워야 한다. 돌에 맞아 죽을 위기에 처한 여인을 구해 주시고, 손가락질 당하는 마태를 제자로 불러 주시고, 저주받아 죽어 가는 강도를 낙원으로 인도하신 예수님께서 나를 바라보시는 그 시선으로 스스로를 보는 연습을 해야 한다.

◎ 달팽이처럼

1. 나 자신이 못마땅하게 여겨질 때는 언제인가요? 그럴 때 어떤 마음이 드나요?

2. 그때 나를 고운 시선으로 바라봐 준 사람이 있었나요? 그에게 어떤 마음이 들었나요?

3. 내가 못마땅하게 여기고 있는 사람은 누구인가요? 주님의 눈으로 그를 바라본다면 무슨 말을 할 수 있을까요?

> 나의 시선에 주님 필터 장착하기!
> 주님의 필터로 보는 아이들은
> 어떤 모습일까?

맑고 투명하게 사랑하고 사랑받는 법을 가르쳐 주십시오. 자기 눈의 티끌을 남의 눈에 반사시켜 그것으로 들보를 만들지 않도록 우리 사랑을 맑고 투명하게 해주십시오.
^ 엘데르 카마라

지성, 세상에서 주님 읽기

아이들은 자신이 찾은 배움의 방식으로
세상 속에서 하나님을 읽는다.

"목사님, 제 인생을 제 손으로 망치고 말았어요." 한 아이가 갑자기 나타나 넋 나간 표정으로 이렇게 읊조렸다. 나는 깜짝 놀라서 물었다. "무슨 일이 있니? 나한테 말해 봐!"

아이는 며칠 전 중간고사 성적표를 받았다고 했다. 한두 과목 성적이 예상보다 낮게 나왔다. 아이는 고민에 빠졌다. '내신이 떨어지겠지? 대학 가는 데 차질이 생기겠지? 입사도 쉽지 않을 거야. 좋은 배우자를 얻기 어렵겠어. 넓은 아파트와 큰 차는 물 건너 갔네. 자녀는 어떻게 키우지? 노후생활은? ……' 꼬리에 꼬리를 물고 일어나는 생각에 아이가 그만 감당하지 못해 나를 급히 찾아온 것이다.

전쟁으로 무너진 삶의 터전에서 가족의 생계를 위해 몸이 부서져라 몸부림쳤던 조부모들, 그분들의 희생을 거름 삼아 경제 발전과 지식 강대국을 일궈 온 부모들은 자녀들이 정글 같은 세상에서 살아남기를 바란다. 혹시라도 낙오될까 봐 조금 더 매몰차게 몰아붙인다. 그 바람에 아이들 마음속에 '성적 = 성공 = 행복'이라는 단순하고 텁텁한 공식이 자리 잡을 줄은 미처 계산하지 못했다. 선생님을 존경하고 친구와 우정을 가꾸며 세상을 배우고 익히는 즐거움을 누려야 할 아이들이 "내가 행복해지기 위해선 친구를 이겨야 한다"는 이상한 논리가 적용되는 이상한 세상을 맛보고 있다.

다윗이 양을 몇 마리 돌보았다는 내용은 성경에 나오지 않는다. 예를 들어 보통 사람은 양을 1천 마리 정도 돌보는데 다윗은 1만 마리를 돌보는 능력이 있어 하나님께서 그를 이스라엘 왕으로 세우셨다는 식의 이야기는 성경 어디에도 없다. 대신에 다윗이 양 한 마리를 지키기 위해 목숨을 걸고 최선을 다했다는 이야기가 기록되어 있다.

우리 하나님은 아이들의 성적이나 출신 대학을 보지 않으신다. 아이가 성실한 태도로 배우고 익히는지를 살피신다. 선생님의 가르침을 겸손히 경청하는지, 지금 책상 위에 펼쳐진 책을 주의 깊게 읽고 있는지를 살피신다. 하나님은 작은 일에 충실한 사람에게 많은 일을 맡기시는 분이다.

그러므로 우리는 아이들이 높은 성적을 얻는 방식이 아니라 자기에게 어울리는 학습 방식을 찾도록 도와야 한다. 아이가 배우고 익히는 즐거움을 누리는 방식을 찾도록 기다려야 한다. 아이는 자신이 찾은 방식으로 평생 세상 만물을 탐색하게 될 것이다. 역사의 흐름 속에서 하나님의 섭리를 발견하며 경외감에 사로잡힐 것이다. 자연 가운데서 하나님의 임재를 감지하고 가슴 벅차 할 것이다. 사회 구조의 기초인 정치, 경제, 문화, 교육 등에서 하나님의 뜻과 계획을 알고 더 깊이 헌신하게 될 것이다. 그렇게 우리 아이들은 세상 가운데 거룩하게 임재하시는 하나님을 경외하는 참된 지성인으로 자라난다.

◎ 달팽이처럼

1. 작은 일을 성실하게 해내는 사람을 보며 새로운 가치를 발견한 적이 있나요? 그 경험이 내게 준 의미는 무엇인가요?

2. 세상 속에 담긴 하나님 뜻을 발견하기 위해 나는 무슨 일을 하고 있나요?

3. 아이들이 배움 속에서 하나님의 뜻을 발견해 가도록 어떻게 도울 수 있을까요?

> 우리 아이들이 세상 곳곳에 새겨진
> 하나님 흔적을 찾는 기쁨,
> 하나님으로 채워지는 삶을
> 경험할 수 있기를.

지극한 사랑의 주님. 당신 자신을 우리에게 계시하시어 우리로 하여금 당신을 알게 하시고, 당신을 앎으로써 당신을 갈망하게 하시고, 당신을 갈망함으로써 당신을 사랑하게 하시고, 당신을 사랑함으로써 당신만을 생각하며 살게 하소서. ^ 콜롬바누스

정서, 자기를 받아들이기

아이들이 자기 정서를
그대로 인정할 수 있도록 돕자.

"목사님, 더 이상 못하겠어요." 예배 때마다 회중 앞에서 긴 팔을 올리고 찬양하던 아이, 주님이 그리워 붉어진 눈시울로 예배당 천장을 올려다보던 아이, 찬양 가사를 영혼으로 되새 김질하듯 곱씹어 부르던 그 아이가 내게 찾아와 말했다. "하나님에 대한 믿음이 없고, 주님에 대한 감정도 메마르고, 가슴에 사막바람이 부는 것 같아요. 그런데도 사람들 앞에서 은혜로운 표정으로 노래하는 게 너무 힘들어요."

긴 여행에 지친 순례자가 무거운 짐을 벽난로 앞에 내려놓고 쓰러지듯 아이는 그동안 꼭꼭 숨겨 온 울음을 터뜨리고 말았다.

"예수님을 믿으면 근심 걱정이 사라진다"고 들었다. "죄와 죽음의 권세가 사라져서 기쁨과 평안이 넘친다"고도 말했다. 우리는 교회에 들어오면 밝은 표정을 짓는 데 익숙하다. 내면에 슬픔이 차오를 때, 현실 앞에서 막막함을 느낄 때 우리는 예수 믿는 사람과는 어울리지 않는 이러한 정서가 당혹스러워 어떻게든 빨리 처리하려고 한다. 아무 일 없는 양 덮어두고 지내기도 한다. "우리 주님이 계신데 왜 우울해 하세요? 주님께 다 맡겨 보세요"라고 허세도 부려 본다.

한편, 아이들은 따스한 돌봄 가운데 적절한 훈육을 받지 못해서 '외롭다.' 치열한 경쟁사회 속에서 지긋지긋한 순위에서 뒤처져서 '서럽다.' 아무리 마음을 다잡아도 자꾸 실수를 하니까 '지겹다.' 그런데 항상 밝은 표정으로 당당하게 서 있는 사람들이 와서 이렇게 조언한다. "너도 당당하게 서 봐." 그런 말을 들을 때 아이들은 무슨 생각이 들까? '나만 이렇게 생각이 복잡한 걸까?' '나만 마음이 이렇게 추잡한 걸까?' '나만 구원 못 받은 건 아닐까?' 매 순간 일어나는 정리되지 않은 감정과 정서 사이에서 아이들은 탄식한다. 자기 자신을 부적절한 존재로 인식한다.

"천국은 밭에 감추인 보화"(마 13:44)라고 성경은 가르친다.

하나님의 다스림은 밭처럼 건조하고 투박한 일상 속에 숨겨져 있다. 너무 수치스럽고 당혹스러운 일을 겪으면서 느끼는 생경한 정서는 영혼의 자양분이 되어 하나님의 임재를 갈망하게 만든다. 그렇게 우리는 어른이 되어 간다. 위대한 기독교 사상가이자 작가인 C. S. 루이스는 "사람의 모든 정서는 피아노 건반과 같다"라고 말했다. 훌륭한 지휘자의 손길 아래 모든 음이 조화를 이루어 아름다운 음악이 되는 것처럼, 하나님의 손길 아래에서 우리의 모든 정서가 조화를 이루어 아름다운 영혼의 결이 된다.

아이들이 자기 정서를 그대로 인정할 수 있도록 돕자. 하나님 앞에서 자신의 생각과 느낌을 자신이 아는 단어와 문장으로 표현할 수 있도록 돕자. 그것이 기도가 되도록 안내하고, 그런 자신을 있는 모습 그대로 사랑하시는 하나님 앞에 아이들이 머물 수 있도록 돕자. 그러자면 우리가 먼저 자기를 그대로 인정하는 연습을 해야 한다.

◎ 달팽이처럼

1. 자신을 못마땅해 하며 아파하는 아이가 있는지 살펴보세요. 그 아이가 힘들어 하는 이유는 무엇인가요?

2. 아이가 있는 모습 그대로 자신을 사랑할 수 있도록 어떻게 도울 수 있을까요?

3. 자신을 있는 그대로 받아들이지 못해 아파하는 아이들을 생각하며 기도해 주세요.

> 그런 감정을 느끼는 건
> 자연스러운 일이야.
> 정리되지 않은 혼란,
> 두렵고 복잡한 마음,
> 혼란스러운 심정.
> 그래도 괜찮아!

사랑하올 예수님, 제가 당신 발에 입을 맞춥니다. 비록 많은 죄를 지었고 무거운 죄의식에 시달리고 있으며 판단력도 부족하지만, 그럼에도 불구하고 당신을 겁낼 이유가 하나도 없음을 아는지라, 당신 발등에 제 입술을 포갭니다. ^ 리보의 엘레드

관계, 상대를 위해 내가 성장하기

아이들이 상대의 성장을 돕기 위해
자기 성장에 집중하도록 돕자.

"목사님, 나 얘 안 만져요. 에이 정말······."

사귄 지 100일 된 기념으로 데이트하는 남녀 두 아이를 세워 두고 내가 말했다. "너 이놈이 선물 주면서 뽀뽀하려고 하면 안 된다고 말해. 알았지? 따라해 봐. '안 돼!' 옷 속에 손 넣으려고 해도 안 된다고 말해. 큰소리로 따라해 봐. '안 돼!'"

여자아이에게 열내며 당부하는 내게 남자아이가 짜증 섞인 투로 말했다. "목사님, 나 얘 안 만져요."

그 아이들은 100일 단위로 기념일을 챙겼다. 200일, 300일, 400일 기념. 나중에 커서 결혼하겠다고 했다. 나는 그 아이들이 교제하는 것을 곁에서 지켜보면서 통제는 환상일 뿐이라는 사실을 알게 되었다. 노파심에 "손만 잡고 다녀", "심하게 뽀뽀하지 마라", "옷 속 더듬지 마라"라고 당부한들 "네, 명심할게요"라고 대답하겠는가? 설사 그렇게 대답해도 자기들끼리 있을 때 뭘 하는지 내가 어찌 알겠는가? 그 아이들이 만날 때마다 따라다닐 수도 없는 노릇이다.

나는 두 아이가 좋은 관계를 맺는 데 도움을 주고 싶은 마음이 간절했다. 사실은 '사고'가 생기지 않기를 정말 간절히 기도했다. 어떻게 하면 이 아이들을 도울 수 있을지 고민이 깊어질 때 스캇 펙 박사의 말이 생각났다. "진정한 사랑은 상대방의 성장을 돕기 위해 나의 성장에 집중하는 것이다." 그렇다! 그 남자아이가 여자아이를 정말 사랑한다면, 상대의 성장을 돕는 것이 사랑임을 안다면, 그래서 자신의 성장에 집중한다면 얼마나 좋을까?

나는 한 달에 한 번 정도 남자아이를 따로 불러서 물었다. "네가 사랑하는 ○○가 너를 만난 이후로 성장하고 있니?"

아이는 내가 무슨 말을 하는지 못 알아들었다. 그래도 한 달에 한 번씩 계속 물었다. 내가 할 수 있는 게 그것 말고는 없었다. 1년이 지날 즈음 남자아이가 물었다. "사람이 성장한다는 게 뭐예요?"

기회가 왔다. "본질적인 부분에 관심을 갖기 시작하는 거야. 너희는 자신의 생각과 느낌을 솔직하게 나누니? 각자 책을 읽고 그에 대한 생각을 나누니? 설교와 성경 내용에 관한 이야기를 하니? 앞으로 무슨 일을 할지, 어떻게 준비할지 이야기하니? 그렇다면 너희는 성장하고 있는 거란다."

아이는 조금 어려워했다. 알아듣든 못 알아듣든 그런 대화를 몇 차례 나누었고, 또 1년이 지날 즈음 아이가 물었다. "○○의 성장을 돕기 위해 제가 무슨 일을 할 수 있을까요?"

기회가 또 왔다. "너는 ○○를 정말 사랑하는구나. ○○의 성장을 돕고 싶다면 너의 성장에 집중해야 한단다."

나는 그 후로 그 아이가 성장하기 위해 스스로 노력할 때 도움을 줄 수 있었다. 그 아이들은 1,000일 가까이 사귀고 헤어졌다. 지금은 각자의 길을 잘 걸어가고 있다.

◎ 달팽이처럼

1. 함께 성장하도록 하나님께서 나와 만나게 하신 이들은 누구인가요?
2. 함께 성장하는 관계를 가꾸기 위해 그들과 서로 어떤 일을 할 수 있을까요?
3. 아이들의 성장을 돕기 위해 내가 지금 여기서 쉽게 시작할 수 있는 일들을 적어 보세요.

> 아이들의 건강한 성장을 돕고 싶은 나.
> 과연 나의 성장에는
> 얼마나 관심을 두고 있었을까?

우리 삶에서 저만 아는 마음과 추한 욕심을 제하여 주시고, 다가오는 날에는 좀더 나은 사람이 되게 해주십시오. ^ 윌리엄 바클레이

성경적 메시지

생활, 성장을 위한 질서 세우기

아이들이 하나님을 닮은
자율적인 존재임을 기억하자.

"엄마, 날 왜 이렇게 키웠어?" 아이가 자정이 넘도록 연락 없이 집에 돌아오지 않아 발을 동동거리다가 받은 전화 너머로 들려오는 아이의 말이 가슴을 후려친다.

아이는 대학에 입학한 지 얼마 안 되는 새내기다. 수업 후 과제 준비를 위한 토론 모임이 갑자기 생겼단다. 밤 11시가 훌쩍 넘어서야 모임을 마치고 각자 대중교통으로 귀가하는데, 아이는 그제서야 자신이 전철 이용법을 잘 모른다는 사실을 알게 되었다. 막차를 놓친 아이는 어두워진 전철역에 혼자 남아 꼼짝달싹 못하는 자신이 한심하게 느껴지고, 그동안 모든 것을 대신해 준 엄마가 미워졌다.

우리나라 아이들은 일상생활을 위한 기본적 노동에서 제외된다. 노상 듣는 소리가 "너는 공부만 열심히 하면 돼!"다. 집에서 아이들은 자기 방 청소, 잠자리 정리, 식사 후 그릇 정리, 옷 정리, 심지어 현관 앞 신발 정리도 자기 손으로 하지 않는다. 학교에서는 "주요 입시 과목을 열심히 하라"는 말을 듣는다. 체육, 미술, 음악 등 다양하고 의미 있는 활동을 하지 않아도 된다. 교회에서는 "너희가 여기 와 주는 것만으로도 고마워"라는 말을 듣는다. 신앙 공동체 안에서 자신이 무엇을 어떻게 해야 하는지 신경 쓰지 않아도 된다. 어른들이 시키는 것만 따라하는 수동적인 생활에 길들여진 아이들은 하나님께서 모든 사람에게 허락하신 창조적 자율성을 잃어버린다.

길들여진 아이들은 자신이 하나님의 형상을 닮은 자율적 존재임을 인식하지 못한다. 하나님께서 자신을 이 세상에 왜 보내셨는지 궁금해 하지 않는다. 자신에게 어울리는 인생의 목적과 목표를 세우기 위해 상상력을 발휘하지 못한다. 우선순위에 따라 구체적인 계획을 세우고 실행하기 위해 도전하지 않는다. 불안해서 그런지 어른들이 들려주는 성공 신화에 집착한다. 다른 사람을 흉내 내거나 주변 사람들과 경쟁한다.

소비문화에 젖어 들고 일탈과 중독에 빠진다. 아이들은 아름다운 인생을 가꾸라고 하나님께서 선물로 주신 시간과 재정, 건강, 에너지를 낭비한다. 그것을 어떻게 써야 할지 모른다. 제대로 배워 본 적이 없기 때문이다.

당신은 아이가 하나님을 닮은 자율적 존재라고 생각하는가? 자신의 영혼과 인생을 아름답게 가꿔 갈 수 있는 존재라고 생각하는가? 그렇다면 아이들에게 물어보라. "너는 우리 교회가 어떤 교회가 되기를 바라니?" "너는 우리 부서가 어떻게 되기를 바라니?" "너는 예배를 어떻게 진행하면 좋겠니?" "너는 어떤 주제에 관한 설교를 듣고 싶니?" "너는 소그룹 시간에 어떤 주제를 어떤 방식으로 다루고 싶니?"

처음에는 아이들이 아무 말도 하지 않을지도 모른다. 어떤 아이는 장난처럼 말할 것이다. 하지만 기다리고 경청하면 아이들은 말하기 시작할 것이다. 아이들과 함께 좋은 공동체를 가꾸기 위해 생활 질서를 세우고 지키는 것을 연습할 수 있다.

◎ 달팽이처럼

1. 나의 일상을 건강하게 가꾸려면 어떤 질서가 필요할까요?

2. 아이들과 함께 우리 반이 어떻게 되기를 바라는지 토론해 보고, 좋은 공동체를 가꾸기 위한 질서를 함께 세워 보세요.

이런 반이 되기를 바라요~★

우리 반을 아름답게 가꾸기 위한 질서 세우기

1)

2)

3)

4)

> 삶의 질서를 세우는 일은
> 우리 존재를
> 스스로 세워 가는 연습이다.

제 가슴의 주님, 제게 방향을 가리키는 지혜를 주시어 생각할 때나 행동할 때나 항상 옳은 것과 그른 것을 가려내게 하소서. ^ 켈트 기도문

순종, 자유로 들어서는 통로

진정한 자유는 하나님께서 세우신 권위에
순종함으로 얻을 수 있다.

"자유요. 자유롭게 살고 싶어요." 아이들에게 가장 원하는 것이 무엇인지 물으면 대다수가 자유를 달라고 말한다. (어이없다. 갇힌 것도 아닌데 무슨 자유를?) 사는 게 답답하단다. (말도 안돼! 애들이 뭐가 힘들다고.) 때로는 숨쉬는 게 버겁단다. (어, 심각하네.) 그래서 웃음기 뺀 얼굴로 물었다. "뭐가 그토록 너희를 힘들게 하니?" 아이들은 부모의 잔소리를 가장 먼저 꼽았다. 다 잘되라고 하는 소리지만 들으면 기분이 몹시 나빠진다고 한다.

잔소리는 '비슷한 내용을 잘게 썰어서 반복적으로 던지는 말'이다. 말의 용량에 비해 내용은 아주 단순하다. 대부분이 시간과 태도에 관한 이야기다. "일찍 들어와." "학교에 늦지 마." "예배 마치면 집에 바로 와." "50분 공부하고 10분 쉬어." "어른 보면 인사해야지." "인상 쓰지마." "동생 때리지 마" "다리 떨지 마." 어른들은 알고 있다. 정글 같은 사회에서 사람 구실을 하려면 시간과 태도가 중요하다는 사실을 말이다. 이제 곧 사회생활을 시작할 사랑하는 아이들이 사람 구실 하도록 돕고 싶은 마음이 굴뚝 같다. 그런데 아이가 건성으로 듣는 것 같으니 마음이 조급해져 같은 소리를 여러 번 하게 된다.

뇌과학자들의 연구에 의하면, 사람은 같은 소리를 세 번 이상 들으면 그 일이 말하는 사람의 일이라고 인식하고 수동적으로 반응하는 경향이 있다고 한다. 예를 들어 아침에 "좋은 아침이다. 일어나"라는 말을 들은 아이는 '일어나서 학교 가야지'라고 느낀다. 하지만 "그만 좀 일어나." "일어나. 밥은 언제 먹으려고 그래?" "학교 안 가니?" "네 인생이지 내 인생이니? 일어나. 말 좀 들어." 이렇게 비슷한 내용을 반복해서 수차례 들은 아이는 '아침에 일어나 학교에 가는 것은 엄마 일'이라고 느낀다. 그러니 몸이 안 움직인다. 잔소리는 아르바이트 청년이 오토바이 타고 달리면서 뿌리는 홍보 명함과 같다. 수십 장을 뿌려도 허공에 날릴 뿐 실효성을 기대하기 힘들다.

자유를 갈망하는 아이들은 대부분 '내가 원하는 것을 마음대로 할 수 있는 상태'가 자유라고 생각한다. 권위에 반항하고 질서를 무시하면서 자유를 누린다고 느낀다. 부러운 눈으로 바라보는 친구들 앞에서 자랑 삼아 반항과 일탈을 말한다. 실제로 그것은 자유가 아니다. 줄이 끊어지면 잠시 바람에 춤추다 곤두박질치는 연처럼 참담함을 겪게 될 것이다.

아이의 답답함 속에 숨겨진 자유에 대한 갈망을 연민의 눈으로 바라보자. 우리의 조급함 속에 숨겨진 아이 사랑을 더 성숙하게 표현하기 위해 노력하자. 진정한 자유는 '하나님께서 세우신 권위에 순복할 때 형성되는 신뢰 관계 속에서 얻는 자율권 확장'으로부터 시작된다. 아이들에게 자유를 선물하고 싶다면 아이들이 기꺼이 순종하고 싶어 하는 어른이 되기 위해 참된 권위가 무엇인지 고민해야 한다.

◎ 달팽이처럼

1. 자라면서 가장 많이 들어온 잔소리는 무엇인가요? 그 잔소리는 내게 어떤 영향을 주었나요?
2. 나의 삶에 건강한 영향을 준 어른은 누구였나요? 그분에게 내가 받은 영향은 무엇인가요?
3. 참된 권위를 갖춘 어른이 되기 위해 내게 필요한 마음과 태도는 무엇인지 생각해 보세요.

> 어른이란 아이들이 안전하게
> 건강한 자유를
> 경험하고 누릴 수 있도록
> 울타리가 되어 주는 존재다.

사랑하올 주님, 제게 인생이라는 책을 제대로 읽도록 그 방법을 가르쳐 주십시오. 당신의 목적을 이해하든 못하든 상관없이 당신의 말씀을 받아들이는 단순한 아이처럼 되고 싶습니다. ^ 장피에르 드 코사드

소망, 부르심에 나답게 응답하기

아이들이 하나님의 부르심에 응답하면서
자신의 고유한 가치를 확인하도록 돕자.

"저는 하나님께 쓰임 받을 가능성이 없는 거 같아요. 하나님이 위대하게 쓰시는 사람은 10대에 꿈꾸고 20대에 준비해서 30대에 쓰임 받는다죠. 어른들은 만날 때마다 '비전이 뭐니'라고 물어보는데, 저는 하고 싶은 일이 없어요. 되고 싶은 것도 없고요. 꿈도 딱히 떠오르지 않아요. 계획이요? 당연히 없어요."

나도 자라면서 그런 말을 많이 들었다. "하나님이 쓰시는 사람은 위대한 꿈을 품고 오늘이 마지막인 것처럼 꿈에 인생을 걸고 열정적으로 살아간다." 그런 말을 들으면 가슴이 뭉클하고 온몸에 소름이 돋았다. 나도 그렇게 살아 보려고 나름대로 최선을 다했다. 그리고 나이 오십이 되어서야 알게 되었다. "10대에 꿈꾸고 20대에 준비해서 30대에 크게 쓰임 받는 사람은 40대에 사고를 친다."

그 사실을 깨닫기 전까지 나도 비슷한 잘못을 저질렀다. 아이들을 만날 때마다 소리쳤다. "하나님께서 주시는 비전을 품고 오늘이 마지막인 것처럼 열정적으로 살아야 합니다." 나만 그랬던 건 아니다. 청년 사역, 청소년 사역 한다는 사람들이 강단에 올라가 소리쳤다. "꿈과 비전을 품고 살아가세요." 순진한 아이들은 화려한 조명과 꽉 들어찬 음향과 가슴을 치는 어른들의 호소 속에서 소리쳤다. "하나님, 제게 꿈과 비전을 주세요."

가슴 뭉클한 감흥을 맛본 경험이 없거나, 인생의 방향에 대한 분명한 인식이 부족하거나, 다양한 관심사에 대한 흥미를 끊기로 결단하지 않았거나, 감흥과 인식과 결단이 있었어도 그에 어울리는 생활을 지속적으로 일궈 갈 의지가 부족한 아이들은 이렇게 생각할 수밖에 없다. '나는 하나님께 선택받은 사람이 아닌가 봐.' '나는 위대한 인생을 살아가도록 구별된 사람은 아닌가 봐.'

하나님은 아이들을 불러서 "나는 너와 항상 함께하고 싶단다", "나는 너와 함께 이 세상 한 귀퉁이를 가꾸고 싶단다"

라고 말씀하신다. 하나님의 부르심은 아이마다 독특하고 개별적이다. 그러므로 하나님의 부르심은 그 아이가 스스로 감당해야 한다. 하나님께서 부르실 때 어린 사무엘은 단독자로 응답했다(삼상 3장). 하나님의 부르심에 응답하면서 아이들은 자신의 고유한 가치를 확인한다. 자기가 좋아하고 잘하는 것으로 다른 사람에게 도움이 되는 인생을 탐색하고 조심스럽게 가꿔 간다.

아이들을 주의 깊게 바라보라. 아이들이 무엇을 좋아하는지, 무엇을 잘하는지 살펴라. 다른 사람들을 어떻게 돕는지 지켜보라. 종종 물어보라. "너는 뭘 좋아하니?" "너는 뭘 잘하니?" 그리고 축복하라. "나는 네가 좋아하고 잘하는 것으로 다른 사람에게 도움이 되는 인생을 살아가면 좋겠어!"

◎ 달팽이처럼

1. 내가 좋아하는 것은 무엇인가요? 잘하는 것은 무엇인가요?

2. 내가 좋아하고 잘하는 것으로 다른 이들에게 어떤 도움을 주고 있나요, 또는 줄 수 있을까요?

3. 아이들이 자기가 좋아하고 잘하는 것으로 다른 이들을 유익하게 하는 삶을 찾아가도록 어떻게 도울 수 있을까요?

> 자기다움을 찾도록 용기를 주는 사람.
> 자기다움을 잃지 않도록 격려하는 사람.
> 자기다움을 아름답게 가꿀 수 있도록
> 함께하는 사람이 되어 볼까?

이 시간부터 당신의 은총에 힘입어 제게 일어나는 모든 일들을 즐거운 일이든 역겨운 일이든 가리지 않고, 당신의 섭리에 따라 주시는 것으로 알아서 기꺼이 받아들이는 것이 제 인생의 목표입니다. ^ 어거스틴 베이커

교사상

교사를 한마디로 정의한다면?
소. 중. 한. 사. 람.

소망을 품은 사람

교사는 나를 변화시킨 하나님께서
아이들도 변화시키실 것을 신뢰한다.

교회는 예수님의 몸이다. 교회에 걸어 들어오는 아이들은 하나님 품에 안기는 것이다. 하나님의 마음으로 아이들의 영혼을 돌보는 교사들은 하나님의 손가락이다. 그래서 교사는 참 소중한 사람이다. 소. 중. 한. 사. 람. 이 다섯 글자를 첫음으로 교사를 정의하면서 교사가 다음세대를 기르는 데 얼마나 소중한 존재인지 지금부터 다섯 꼭지의 글에 걸쳐 살펴보겠다. 이번 장은 '소망을 품은 사람'이다.

선생님은 소망을 품은 사람들이다. 30-40대는 "설교 내용을 목사님 생활 속에서 보여 주세요"라고 요구한다. 20대는 "목사님은 신앙생활 열심히 하세요. 저는 괜찮으니까요"라고 말한다. 10대는 묻는다. "하나님이 뭐예요?" 아예 신에 대한 개념이 없다. 아이들은 가까운 어른들과 맺은 관계 속에서 하나님에 대한 이미지를 상상하기 시작한다. 그런데 현대 사회에서 우리 아이들은 스마트 기기와 관계를 맺고 있으니 하나님에 대한 개념이 들어설 자리가 없다.

그래서 하나님께 반응할 줄 모른다. 예배 시간에도, 기도할 때도, 성경을 읽을 때도, 찬양할 때도 적절하게 반응하지 못한다. 하나님에 대한 반응은 사람에 대한 반응과도 연결되어 있다. 하나님을 알지 못하니 가족, 친구, 이웃에게 적절하게 반응할 줄 모른다. 담임 목회자가 부서 예배실에 들어오면 "저 아저씨 누구야" 하는 실정이다. 아이들은 자기 자신에게도 어떻게 반응해야 하는지 모른다. 이러한 다음세대를 보며 사람들은 '절망적'이라고 느낀다.

하지만 우리 선생님들은 그런 아이들을 바라보며 자신의 옛날 모습을 떠올린다. '나도 그랬지.' '나는 저 아이보다 더 심각했어.' 그렇다. 하나님께 반응하지 못하며 살던 나를 하나님께서 찾아와 만나 주셨다. "나사로야 나오라"(요 11:43) 하시는 예수님의 부름에 무덤에서 뒤뚱뒤뚱 걸어 나온 나사로처럼 우리는 모두 그렇게 살아났다. 하나님께 영적으로 반응하게 되었다. 예수님을 닮은 사람으로 조금씩 자라났다.

나는 아이를 변화시킬 수 없지만 나를 변화시킨 하나님께서 우리 아이들을 변화시키실 것을 신뢰한다. 그래서 우리는 절망적인 상황 가운데서도 소망을 품을 수 있다. 아이들 안에서 일하시는 하나님을 볼 수 있다. 아이의 영혼을 끌어안고 씨름하시는 하나님을 바라보며 고마운 마음을 품는다. 그 영적 몸부림으로 꿈틀꿈틀 살아나는 아이들을 바라보며 즐거워할 수 있다. 그래서 소망을 품은 사람은 미소를 짓는다.

아울러 소망을 품은 사람은 하나님 앞에 엎드린다. 하나님께 내 생각과 느낌을 고백한다. 일상을 고백한다. 하나님께서 내가 드리는 고백을 어떻게 다루시는지 날마다 경험한다. 하나님께서 나를 대하시듯 아이들을 대하실 테니 안심할 수 있고 소망이 있다.

◎ 달팽이처럼

1. 하나님께서 나를 변화시키기 위해 지금까지 어떤 일을 하셨나요?
2. 아이들 안에서 일하시는 하나님께 소망을 품고 아이들 한 명 한 명을 떠올리며 소망의 기도문을 적어 보세요.

> 자라게 하시는 이는 하나님이고,
> 교사는 씨앗을 뿌리고 가꾸는
> 농부와 같다. 오늘도 나는
> 자라게 하실 하나님을 기대하며
> 소망을 품고 씨앗을 뿌린다.

당신은 저를 끝이 없게 만드셨고, 그것이 당신의 즐거움입니다. 당신은 이 여린 그릇을 비우고 다시 비우면서 신선한 생명으로 가득 채우십니다. ^ 라빈드라나트 타고르

중요한 사역을 함께하는 사람

교사는 하나님께서 한 아이의 내면을
성장시키는 자리에 불러 주신 사람이다.

하나님의 형상을 닮은 사람은 사랑스럽다. 하나님께서 만드신 세상을 다스리도록 위임받은 사람은 자랑스럽다. 하나님은 사람을 바라보며 "너는 참 사랑스럽고 자랑스러운 존재다"라고 말씀하신다. 아이들에게 우리가 해줄 수 있는 가장 적절한 말을 꼽으라면 바로 이것이다.

사랑스럽고 자랑스러운 아이들이 잘 자라날 수 있도록 하나님께서 도우신다. 아이들이 자라나면서 예수님을 닮아 가도록 도우신다. 하나님은 아이들을 위해 일하시는 자리에 당신을 불러 주셨다. 그러니 주의를 기울여야 한다. 하나님께서 이루시는 생명력 넘치는 역사를 보고 놀라워할 수 있도록 말이다. 혹시 무언가를 부탁하시면 잘 듣고 순종할 수 있도록 말이다.

"우리 반은 학생이 한 명밖에 없어요"라고 푸념하는 선생님을 위로하기 위해 나는 이렇게 대답했다. "그 아이가 세상을 변화시킬 수 있을지도 모르잖아요." 그때는 그 아이가 예수님 덕분에 훌륭하게 자라서 세상에 엄청나게 커다란 영향을 주게 될지도 모른다는 의미로 말했다. 많은 사람들이 주목하는 아이가 될 것이라는 의미도 담았다. 아마 선생님도 그렇게 들었을 것이다.

하지만 성경은 "한 사람이 온 우주보다 소중하다"고 가르친다. 한 사람이 변화되는 과정은 우주가 변화되는 과정이다. 그 과정은 천지 창조가 일어난 아침처럼 숭고하고 신비롭다. 어떤 아이는 규모가 큰 일을 하고 많은 사람들의 주목을 받을 수 있고, 어떤 아이는 규모가 작은 일을 하고 주목을 별로 받지 못할 수도 있다. 중요한 것은 한 사람이 우주만한 자신의 내면 세계를 결국 하나님 앞에 다 드리게 된다는 것이다. 우리는 이 아름다운 산 제사가 드려지는 현장에 초대받은 사람들이다.

하나님께서 온 우주보다 커다란 한 아이의 내면 세계를 변화시키는 현장에 동참하기를 바란다. 하나님의 놀라운 역사는 아이들이 처한 삶의 자리에서 매일 일어나고 있다. 우리가 그 자리마다 항상 따라다닐 수는 없다. 하지만 적어도 아이들이 교회에 오는 순간만큼은 함께할 수 있다. 부서 예배 시간, 소그룹 시간, 수련회와 다양한 프로그램이 이루어지는 자리에는 함께할 수 있다. 그 자리에 함께하면서 하나님께서 하시는 일을 볼 수 있기를 축복한다.

하나님께서 천지를 창조하시는 모습을 아담과 하와는 보지 못했다. 그들은 만물이 만들어진 다음에 창조되었으니까. 그런데 하나님은 아이들을 아름답게 빚어 가시는 과정을 오늘 우리 모두에게 보여 주신다. 이 얼마나 고맙고 놀라운 일인가? 마음을 열고 눈을 들어 하나님께서 역사하시는 모습을 놓치지 않기를 축복한다.

◎ **달팽이처럼**

1. 아이들의 내면 세계를 변화시키는 소중한 자리에 부름 받은 교사로서 부서 안에서 지켜야 할 기본은 무엇인가요?

2. 하나님께서 자신을 아름답게 빚어 가고 계심을 아이들이 알 수 있도록 어떻게 도울 수 있을까요?

3. 아이들을 만날 때마다 "너는 참 사랑스럽고 자랑스런 존재야"라고 말해 주세요.

> 한 아이의 성장은
> 천지창조와도 같은 신비로운 일.
> 그 현장에 초대해 주신
> 하나님, 감사합니다.

이 땅에 머무는 동안 저를 하늘나라에 적합한 사람으로 만들어 주소서. 당신이 거룩하신 것처럼 저도 거룩하게 해주시고, 그래서 저의 모든 생각과 느낌과 행실로 당신께 영광 돌리게 하소서. ^ 자돈스크의 티콘

한 번 권면을 위해 존재를 품는 사람

교사는 아이들을 믿음으로, 기도로,
언어로 품는 사람이다.

"선생님은 소원이 뭐예요?"라고 묻는 내게 우리 선생님들은 이렇게 대답한다. "우리 아이들이 하나님을 저보다 더 잘 믿는 거요." "하나님 사랑을 저보다 더 많이 받는 거요." "저보다 더 훌륭한 사람이 되면 좋겠어요."

⚜

소원이 뭐냐는 질문에 선생님들이 하는 대답을 들으면, 동족이 구원받지 못한다면 자기 영혼이 버림받아도 좋다고 했던 바울 선생의 고백이 떠오른다. "나의 형제 곧 골육의 친척을 위하여 내 자신이 저주를 받아 그리스도에게서 끊어질지라도 원하는 바로라"(롬 9:3).

우리 선생님들은 아이들이 신앙 안에서 잘 자라기를 바란다. 성경에서 배운 것, 살면서 경험한 것, 아이들이 잘사는 데 필요한 것이라면 뭐든지 나눠 주고 싶어 안달이다. 그래서 선생님의 생각 주머니 속에는 갖가지 이야기가 가득하다. 혹시라도 아이들이 귀 기울이는 순간이 오면 놓치지 않고 들려주기 위해서다.

아이들이 교사의 이야기에 귀 기울이는 순간은 도대체 언제 오는 걸까? 마음을 연구하는 사람들이 말하길, 어떤 사람이 내가 하는 이야기를 여덟 번 정도 들어 주면서 "그렇구나" 하고 맞장구를 쳐 주면 '나도 저 사람 이야기를 한번 들어봐야겠다'는 생각이 든다고 한다. "그렇구나"에는 판단하는 마음이 없다. 상대방의 존재를 그대로 인정하는 말이다. 아이들은 판단하지 않고 자기 존재를 그대로 받아들여 주는 사람이 하는 이야기를 들어 보고 싶어질 때가 있다.

교사는 한 번 권면을 위해 존재를 품는 사람이다. 교사는 아이들의 영혼과 인생을 믿음으로 품고, 기도로 품고, 언어로 품는다. "그렇구나"로 품는다. 그래서 주일 아침에 교회에 나와 졸린 눈을 비비며 그나마 몇 마디 하는 아이들과 이야기하는 선생님들의 언어는 "그렇구나"로 채워질 때가 많다.

"쌤, 나 엄마랑 싸웠어요."

"그렇구나."

"쌤, 나 자신이 한심하게 느껴져요."

"저런, 그렇구나."

"쌤, 나 하나님이 안 믿어져요."

"그렇구나. 사실 나도 그럴 때가 있어."

아이들이 생각 없이 말하는 것처럼 들릴 수 있다. 하지만 아이들은 어쩌면 자기 자신을 있는 모습 그대로 받아들이는 사람을 찾고 있는지 모른다. 정말 힘들 때, 어떻게 해야 할지 모를 때, 더 이상 버틸 수 없을 때 "그렇구나"라고 말해 주는 사람을 찾는 것이다. 그때 우리는 아이들에게 주고 싶어 간직해 둔 이야기들을 꺼내어 나눠 줄 수 있다. "그렇구나" 덕분에 생긴 기회다.

◎ **달팽이처럼**

1. 아이를 있는 모습 그대로 품기 위해선 어떤 언어 습관을 들여야 할까요?
2. 아이들을 하나하나 떠올리며 격려하는 말을 적어 보세요. 이번 주에 아이에게 직접 그 말을 해주세요.

> 그렇구나! 그렇구나!
> 내가 네 이야기를 들어 줄게.

주님, 우리 눈을 열어 씨앗에서 나무를, 알에서 새를, 고치에서 나비를 보게 해주세요.
^ 크리스티나 로제티

사소한 부분까지 살피는 사람

교사는 아이들의 사소한 부분까지 관심을
기울이고 살피는 사람이다.

"우리가 담당해야 할 업무가 정확히 무엇인가요?"라고 선생님들이 목회자인 내게 종종 질문한다. 그럴 때면 '사실 나도 내가 뭘 어떻게 해야 할지 잘 모르는데……' 하며 우물쭈물하게 된다. 그러다가 한번은 이렇게 되물었다. "선생님은 주일마다 교회에 오면서 아이들에게 어떤 일이 일어나길 원하세요?"

선생님들의 바람을 정리하니 몇 가지 공통점이 있었다. 그것을 바탕으로 교사의 주요 업무를 정리해 보았다.

첫째, 선생님들은 아이가 교회에 오기를(come) 원한다. 반 아이 한 명이 예배당으로 들어오는 모습을 보면서 예수님이라도 보는 듯 행복해 한다. 교회는 하나님의 집이고 성령의 전이며 예수님의 몸이다. 아이들이 매주 예수님의 품속으로 들어와 안기는 모습이 어찌 사랑스럽지 않겠는가? 반 아이들이 교회에 오도록 어떻게 도울 수 있는지 구체적인 방법을 찾고 시도하는 것이 바로 교사가 할 일이다.

둘째, 선생님들은 아이가 예배 시간에 찬송 부르기를(sing) 원한다. 반 아이들이 입을 벌려 찬송을 따라하는 모습을 보면 웅장한 자연 앞에 선 것처럼 가슴이 시원해진다고 한다. 왜 아니겠는가? 영적으로 살아 있는 사람만이 하나님께 반응할 수 있다. 찬송을 부르는 것은 아이가 하나님께 반응하는 것이며, 이는 곧 아이가 영적으로 살아 있다는 증거다. 아이들이 입을 벌려 찬송할 수 있도록 돕는 것이 교사가 할 일이다.

셋째, 선생님들은 아이들이 소그룹 시간에 자기 생각과 느낌을 말하기를(talk) 원한다. 반 아이들이 자기 생각과 느낌을 표현할 때면 세상을 얻은 것처럼 행복하다고 한다. 아이의 고백을 들을 때 그의 내면 세계에 하나님께서 일하고 계심을 믿게 된다고 한다. 아이들이 자기 생각과 느낌을 표현할 수 있도록 돕는 것이 교사가 할 일이다.

교사는 아이들이 교회에 와서, 찬양하고, 말하도록 돕는 사람이다. 어떻게 하면 아이들이 와서 찬양하고 말하도록 도울 수 있을지 구체적인 방법을 찾아보자. 기도하자. 경험 많은 교사들에게 물어보자. 아이들에게 직접 물어보는 것도 좋은 방법이다. "얘들아, 나는 너희가 교회에 와서 찬양하고 말하면 참 좋겠어. 어떻게 하면 너희가 그렇게 할 수 있을까?" 학년 주임 교사, 부장, 부감에게도 도움을 청하라. 그리고 목회자에게 부탁하라. 목회자는 교사가 아이들을 잘 돌볼 수 있도록 돕는 사람이다.

혼자 고민하지 않고 함께 이야기를 나누고 각자 할 수 있는 일을 찾아서 시도해 보는 가운데 지치지 않고 아이들 곁에 머물며 그들을 돕는 교사가 된다면 좋겠다.

◎ 달팽이처럼

1. 아이들이 교회에 와서, 찬양하고, 말할 수 있도록 도울 방법을 구체적으로 생각해 보세요.

2. 아이들의 사소한 부분까지 관심을 가지고 살피기 위해 영성 일지를 적어 보세요(소그룹 활동을 마친 후 기록합니다. 주중에 아이들에게 안부 연락을 하고 중보기도하는 데 활용해 보세요).

아이들을 어떻게 도울 수 있을까?
나는 어떻게 도움을 받을 수 있을까?

주님, 당신의 교회를 악에서 구하시고 온전히 당신을 사랑하게 가르치소서. 동서남북 사방에서 부는 바람으로부터 그것들을 일으켜 세우시고 당신이 예비하신 하늘나라로 끌어들이소서. ^ 디다케

람보처럼 찾아가는 사람

예수님이 우리를 찾아오셨듯
교사는 아이들을 찾아가는 사람이다.

교사나 목회자가 자신이 생활하는 공간에 찾아오는 것을 좋아하는 아이가 있는가 하면 별로 좋아하지 않는 아이도 있다. 옛날에도 그랬고 지금도 그렇다. 그래서 아이들이 있는 곳에 찾아가기 전에 별별 생각이 다 든다. 얼마나 조심스러운지 모른다. 특히 교회에 잘 오지 않는 아이에게는 더욱 그렇다. '찾아가 볼까? 기다릴까? 연락할까? 답이 없네. 만나고 싶은데 어떡하지?' 고민하게 된다.

교사는 참 소중한 사람이다. 하나님께서 아이들을 돌보시는 자리에서 심부름하는 사람으로 부름 받았으니까. 하나님께서 하시는 아름답고 신비로운 일들을 곁에서 보며 놀라워하는 특권을 누릴 수 있으니까. 종종 하나님께서 부탁하시는 일을 하나님의 도움으로 가까스로 해내며 크고 작은 보람을 느낄 수 있으니까. 하나님의 손길 아래서 자라는 아이들을 볼 수 있으니까.

그래서 우리는 소, 중, 한, 사, 람, 이 다섯 글자를 각각 첫음으로 제목을 지어 교사가 어떤 존재이고 어떤 역할을 하는지 살펴보고 있다. 마지막 '람'으로는 무엇을 말할 수 있을까? 생뚱맞지만 어릴 때 보았던 영화 〈람보〉가 생각난다. 전우를 구하려고 홀로 정글에 뛰어든 람보가 얼마나 멋지게 보였는지 모른다.

세상은 정글 같다고 흔히들 표현한다. 그 속에서 우리 아이들이 일주일 168시간 중에서 166시간을 산다. 선생님 중에는 그런 정글 같은 삶의 자리 속으로 뛰어드는 분들이 있다. 교문 앞에서 아이를 만나 떡볶이 한 접시 뚝딱 해치우고 헤어지더라도, 늦은 밤 학원 앞에서 얼굴 한번 스치듯 보더라도, PC방 어두운 구석에서 몇 마디 못 나누고 나오더라도 아이의 얼굴이 보고 싶어 찾아가는 분들이다.

한 선생님이 교회에 잘 오지 않는 아이의 생일날에 선물과 케이크를 들고 무작정 학교로 아이를 보러 갔다고 한다. 선생님은 친구들과 우르르 나오던 아이가 갑자기 찾아온 자기를 보고 당황할까 봐 걱정되어 그만 교문 뒤로 숨고 말았다. 그리고 학원 앞으로 가서 아이를 기다렸다. 이번에도 아이가 친구들과 우르르 나오는 바람에 또 숨고 말았다. 결국에는 차를 몰고 그 아이 집으로 가서 문 앞에 케이크와 선물을 두고 그냥 돌아왔다고 한다.

우리가 보고 싶어 이 땅에 찾아오신 예수님처럼 우리도 아이들이 있는 곳으로 찾아가면 좋겠다. 찾아오신 예수님을 거절하고 십자가로 내몬 사람들처럼 우리 아이들도 우리를 거절할지 모른다. 그래도 다시 찾아가면 좋겠다. "목회자와 교사가 함께 심방 갈 거니까 신청하세요", "학교든 집이든 학원이든 PC방이든 어디든 찾아갈게요"라고 광고하고 신청을 받으면 어떨까? 그렇게 한 아이 한 아이 만나다 보면 그 아이가 또 다른 아이에게 이렇게 말하면서 만남을 권하지 않을까? "학교 앞에서 쌤 만났는데 괜찮더라."

◎ 달팽이처럼

1. 아이들의 삶의 자리로 찾아가기 위해 무슨 일을 할 수 있을까요? 170쪽의 실제 사례를 보며 지금, 내가 할 수 있는, 나만의 방법을 찾아보세요.

> 내가 기다렸던 것처럼
> 아이들도 말하지 않아도
> 기다리고 있지 않을까?
> 예수님처럼 먼저 다가가 주길.

우리의 지평을 넓히고 우리에게서 이루어지기를 바라시는 당신의 뜻을 찾아 모험을 떠날 수 있도록 비전과 용기를 우리에게 주십시오. ^ 피터 마셜

아이들의 삶의 자리로 찾아가기

◎ 짧은 방문(짤방/학교 심방)
- 학교 점심시간과 가장 여유 있는 요일을 확인한 다음 방문 날짜를 약속한다.
- 5분 정도의 짧은 만남이 핵심이다! 안부, 건강, 오늘 수업 시간표 등을 묻고 간식을 전달한다.
- 인증 샷을 촬영해서 단톡방에 공지한다.

◎ 릴레이 심방(한 주에 한 아이를 만나 식사나 간식 시간을 갖는 심방)
- 가장 먼저 심방할 아이를 정한다(가위바위보, 사다리타기 등의 다양한 방법을 활용할 수 있다).
- 만날 수 있는 요일을 정한다. 먼저 심받 받은 아이가 다음에 심방 받을 친구를 지목한다.

◎ 만남 형식
- 메시지로 만남 : 매일 정한 시간에 말씀 또는 기도문을 전송한다(답신은 기대하지 않는다).
- 잠깐 얼굴로 만남 : 대화의 부담 없이 얼굴만 한번 보는 만남이다.
- 학교별로 만남 : 같은 학교에 다니는 친구들과 시간을 정해 함께 만난다.
- 동네에서 만남 : 동네 맛집, 자주 가는 분식집 등에서 만난다(특별한 기억이 될 수 있다).

공동체

함께 자라나는 공간.
교사는 농부의 마음으로
영적 토양을 가꾸는 사람입니다.

동역자와 우정 가꾸기

동역자들과 맺어 가는 소소한 일상의 관계 속에
교회의 신비가 숨겨져 있다.

"커피 한 잔 드세요." 진한 커피향이 교사실을 가득 채우고 있다. "차갑게 드릴까요, 아니면 따듯하게 드릴까요?" 부장 장로님은 여름이나 겨울이나 제일 먼저 교사실에 와서 손수 커피를 내리신다. "꽈배기랑 같이 드세요." 청년 선생님의 두 손에 검은 봉지가 들려 있다. 이제 '오늘은 누가 커피와 함께 먹을 간식을 가져올까' 상상하는 것이 주일 아침의 소소한 재미가 되었다.

관계는 서로가 맺어짐을 의미한다. 삶이 맺어지고 생각과 마음이 맺어진다. 좋은 눈으로 바라보면 좋은 관계로, 답답한 마음을 품으면 답답한 관계로 맺어진다. 타인과 맺는 관계의 질은 자기 자신과의 관계에서 비롯된다. 자신과 건강한 우정을 가꾸는 사람이 다른 사람과도 건강한 관계를 맺을 수 있다.

교사라고 하기엔 너무 어설퍼 보이는 자신을 향한 따듯한 시선이 필요하다. 영혼을 향한 사랑과 열정이 식어 버린 것같이 느껴지는 마음을 격려할 수 있는 넉넉함이 있어야 한다. 그런 시선과 마음으로 자신을 바라볼 수 있어야 동역자들도 여유 있는 시선과 성숙한 마음으로 바라볼 수 있다. 아버지 역할을 하는 부장님이나 어머니 역할을 하는 부감님을 존중하게 된다. 마음을 돌보는 교사는 일을 챙기는 교사의 소중함을 깨닫게 된다. 노련한 장년 교사가 역동적인 청년 교사에게서 배움을 얻는다. 깊이 고민하는 교사가 신속하게 행동하는 교사의 역할을 존중하게 된다. 동역자들과의 관계 속에서 유기체 교회가 지닌 생명의 신비로움을 발견할 수 있다.

우리 하나님과 그리스도께서 주시는 온갖 좋은 선물이 그대의 것이 되기를 바랍니다(딤전 1:2, 메시지성경).

그대의 믿음은 참으로 값진 믿음입니다(딤후 1:5, 메시지성경).

바울이 절친한 동역자 디모데가 건강하게 교회를 지도할

수 있도록 돕기 위해 보낸 편지에서 진심 어린 존중과 격려의 마음을 느낄 수 있다. 동역자와 건강한 우정을 가꾸는 데 필요한 마음가짐과 태도가 그의 편지에 고스란히 담겨 있다.

서로 열심히 하다 보면 때론 불편한 감정이 생기기도 한다. 잘하려고 하다 보니 속이 상할 때도 있다. 마음을 모으느라 일이 더디게 진행되기도 하고 애먼 곳에 에너지를 쓰게 되기도 한다. 하지만 지치고 힘들 때마다 기억해야 한다. 이런 동역자들과의 관계 속에서 우리는 교회의 신비를 발견하게 된다는 것을. 어느 날 문득 서로에게 보내는 안부 문자, 주일 아침에 인사하며 건네는 칭찬 한마디, 고마운 마음을 담아 차 한 잔 대접하며 소소한 일상을 나누는 관계, 그 속에 교회의 신비가 숨겨져 있다.

◎ 달팽이처럼

1. 동료 교사들 간에 우정을 가꾸기 위해 무슨 일을 하고 있나요?

2. 동료 교사들 중에 좀더 마음을 나누며 우정을 가꿔야 할 사람은 누구인가요? 그와 함께할 수 있는 일들을 구체적으로 적고 실천해 보세요.

> 동역자.
> 함께 걸어가는 관계.
> 넉넉함을 담은 시선으로 바라보며
> 서로를 가꿔 가는 관계.

주님, 우리 눈을 열어 주시어 형제자매들 안에서 당신을 보게 하소서. 주님, 우리 가슴을 열어 주시어 당신이 우리를 사랑하시듯 우리도 서로 사랑하게 하소서.
^ 마더 테레사

공동체 토양 가꾸기

우리 부서를 어떤 토양으로 가꾸고 싶은가?

"전도사님, 우리 아이들 중학생 맞지요?" 옅은 미소를 지으며 한 선생님이 물으신다.

"네, 맞아요. 왜 그러세요?"

"3학년 아이들이 동생들을 얼마나 잘 챙기는지 몰라요. 혼자 있는 1학년이 보이기만 하면 얼른 찾아간다니까요."

동생들을 챙기는 우리 아이들의 모습에서 예배 시간마다 혼자 앉아 있는 아이, 늦게 온 아이, 처음 온 아이에게 조용히 다가가 곁에 앉는 선생님의 모습을 본다.

농부는 토양을 일구는 사람이다. 메마른 곳에는 물을 뿌리고, 듬성듬성 박힌 자갈을 골라내어 토양이 햇빛과 충분한

물, 영양소를 고르게 머금도록 돕는다. 토양이 좋아야 나무도, 벼도, 꽃들도 잘 자랄 수 있다. 그래서 농부는 늘 토양을 살피고 가꾼다.

교사는 농부의 마음으로 영적 토양을 가꾸는 사람이다. 공동체가 머무는 공간이 편안하고 따듯하고 비옥해지도록 마음을 들인다. 한 사람의 몸과 마음을 살피고, 공동체가 영양소를 균형 있게 갖춘 건강한 토양이 되도록 가꾼다.

공동체의 토양을 건강하게 유지하기 위해 가장 필요한 것은 '핵심 가치'다. 핵심 가치란 "우리 공동체가 어떤 공간이 되길 기대하는가?"라는 질문에 대한 대답, 즉 우리 공동체가 중요하게 여기는 가치라고 할 수 있다.

예수님은 가난하고 소외된 한 영혼을 소중히 여기는 가치로 토양을 가꾸셨다. 세상이 받아 주지 않는 한 사람, 상대해 주지 않는 한 사람 곁에 머물고 그의 친구가 되어 주셨다. 가난한 자와 몸이 불편한 자, 소외된 자야말로 잔치에 마땅히 초대받아야 할 사람들이라고 여기셨다(눅 14:12-13). 예수님의 말씀에 순종하며 하나님을 진심으로 사랑했던 사람들은 가난하고 연약한 사람들, 노예와 억눌린 사람들이 평안을 누리고 몸과 마음을 회복할 수 있는 공간이 되어 주었다. 한 사람을 소중히 여기는 가치를 머금은 좋은 토양이 되어 주었다.

좋은 토양은 단번에 만들어지지 않는다. 끊임없이 일궈야 한다. 눈으로 땅을 살피듯 아이들의 표정에 시선이 향해야 하고, 손으로 자갈을 고르듯 아이들의 마음을 어루만져야 한다. 교사들이 서로 끊임없이 대화하며 공동체가 소중하게 여기는 가치를 공유하고, 온몸으로 힘써 표현하며 그 가치가 토양에 스며들도록 해야 한다. 무거운 항아리를 들 때는 두 손으로 힘을 모아야 하는 것처럼 서로가 손과 마음을 마주잡고 힘을 모아 성실하고 진득하게 공동체의 토양을 가꿔 가야 한다.

"우리 부서를 어떤 토양으로 가꾸고 싶은가?", "우리 교회가 어떤 공간이 되길 기대하는가?"라는 질문에 지금 당신은 어떻게 대답하겠는가?

◎ **달팽이처럼**

1. 마지막 단락의 질문에 답해 보세요.

2. 다른 선생님들과 함께 우리 부서의 핵심 가치를 정리해 보세요.

> 농부의 마음으로 공동체를 살피고
> 건강하게 가꿔 가는 사람,
> 교사!

자기 자신의 부족을 겸허하게 인식하는 은총을 베푸시어 우리로 하여금 한 사람과 그의 형제, 나라들과 백성들 사이의 관계를 지혜롭게 판단하고 그들의 차이점을 슬기롭게 조정하여 참된 나라들의 공동체를 세워 가게 하소서. ^ 라인홀트 니버

관계 맺기

포기하기엔 아직 이른 때.
이렇게 한번 해보면 어떨까?

거리 두기

적당한 거리를 둠으로써 교사가 여유를 찾을 때
아이들과의 사이에 좋은 것이 쌓인다.

"담벼락에 돌을 던지는 것 같아요." 무슨 말을 해도 아이들이 대답하지 않아서 힘들다며 한 선생님이 고백한다. "담벼락이면 다행이게요. 튀어나오기는 하잖아요. 아이들은 블랙홀 같아요." 대답 없는 아이들과 함께 있으면 기운이 쑥 빠진다며 옆에 있는 선생님이 거든다.

교사들 대부분이 아이들과 소통하는 것이 참 어렵다고 말한다. 왜 아니겠는가? 처음 보는 아이들과 둘러앉아 아름다운 미소를 머금은 채 자연스레 대화를 이끌어 갈 사람이 세상에 몇이나 되겠는가?

    교사들은 아이들과 사이좋게 지내길 원한다. 사랑하니까.

따뜻한 눈길, 부드러운 손길, 덕스러운 이야기를 나누고 싶어 한다. '사이좋게' 지내려면 교사와 아이들 사이에 좋은 것이 쌓여야 한다. 그래야 아이들이 이렇게 생각한다. '우리 선생님을 만나면 뭔가 즐거운 일이 생겨', '우리 선생님과 함께 있으면 편안해.' 적어도 '우리 선생님과 함께 있으면 불편하지는 않아'라고 느끼면 참 다행이다.

교사와 아이들 사이에 좋은 것이 쌓이려면 시간이 오래 걸린다. 농부가 가을 열매를 기다리며 땀 흘려 토양을 가꾸듯 교사는 아이들과 소통하기 위해 관계라는 토양을 부지런히 가꿔야 한다. 관계라는 토양을 가꾸기 위해 교사가 갖추면 유용한 몇 가지 태도는 다음과 같다.

우선, 건강한 관계는 적당한 거리를 전제한다. 적당한 거리 두기를 위한 첫 번째 방법은 '기도'다. "하나님, ○○는 제 아이가 아니라 하나님의 아이입니다. 제게 잠깐 맡기신 것이니 하나님께서 이 아이를 책임져 주세요. 저는 심부름꾼이니 시키는 대로 하겠습니다." 매일 아이들의 이름을 한 명 한 명 부르며 기도하라. 아이들의 영혼과 생활을 매일 하나님 앞에 올려드려라. 교회를 통해 내게 맡겨 주신 아이들을 하나님께서 책임지신다는 믿음을 새롭게 하자. 이러한 기도를 통해 교사는 아이들에 대한 과도한 부담감에서 벗어나고 여유를 찾게 된다. 그럴 때 아이들도 교사 앞에서 조금씩 긴장을 풀게 된다.

거리 두기를 위한 두 번째 방법은 '선물'이다. 일주일에 2-4시간을 할애할 수 있는가? 1-3만 원을 할애할 수 있는가? 그렇다면 그것을 가지고 자기 자신에게 선물하라. 우리는 선물을 고를 때 신중해진다. 상대방을 고려하기 때문이다. 당신도 당신을 고려하라. 당신은 무엇을 좋아하는가? 자기 자신을 위해 마련한 선물을 받을 때 행복할 수 있도록 준비하라. '세상은 아름다운 곳이야. 더 살아 봐야지'라고 느끼도록 준비하라. 자기 자신을 배려하는 사람이 다른 사람도 배려할 수 있다. 이제 아이들은 당신을 통해 배려받는 느낌을 경험하게 될 것이다. 당신과 함께 있을 때 편안함을 느끼기 시작할 것이다. 그럴 때 당신과 아이들 사이에 좋은 것이 쌓인다.

◎ 달팽이처럼

1. 나의 행복을 가꾸기 위해 자신에게 어떤 배려(선물)를 하고 싶은가요?
2. 아이들의 영혼과 생활을 하나님께 올려드리며 아이를 위한 기도를 적어 보세요.

> Step 1. 기도하기
> Step 2. 나를 배려하기
>   내가 먼저
> 행복한 교사가 되어 보자!

순진하게 생각하고, 적절하고 진실하게 말하고, 믿음직하게 부지런히 일하고, 겸손히 자신을 평가하고, 존중과 관용으로 남을 대하고, 지난날의 신성한 추억들을 고이 간직하고, 제 운명이 영원토록 당신의 자식임을 잊지 않게 저를 지켜 주십시오. ^존 베일리

호흡하기

우리의 영혼이 안정될 때
아이들의 영혼이 호흡한다.

"목사님, 그럴 때는 깊은 호흡을 여러 번 반복하셔야 해요."

청소년 사역 전문가라도 아이에게 화가 끓어오를 수 있으니 그럴 때에는 깊은 호흡을 반복해서 심장 박동이 안정을 찾은 후에 대화를 이어 가야 한다는 어느 상담사의 조언이다. 아무리 화나는 일이 있어도 아이들에게 화낸 적 없고, 앞으로도 그럴 일이 없을 거라고 장담하는 내게 그는 간절한 표정으로 그렇게 권면했다.

며칠 후 한 아이와 이야기를 나누던 중 아이의 버릇없는 표정과 태도 때문에 갑자기 화가 치밀어 올랐다. 얼마나 화가 나던지 한 대 치고 싶을 정도였다. 바로 그때 상담사의 권면이 생각났다. 천만다행이다.

"잠깐 쉴까?" 나는 아이에게 양해를 구한 후 화장실로 갔다. 변기에 걸터앉아 천천히 숨을 들이마셨다 내쉬었다. "쓰읍~ 후우~" 세 번. 화가 가라앉지 않는다. "쓰읍~ 후우~" 다섯 번. 그대로다. "쓰읍~ 후우~" 열 번. 신기하게도 '조금 전에 왜 그렇게 흥분했지?'라는 생각이 든다. 차분한 마음으로 화장실에서 나온 나는 그 아이와의 대화를 잘 마무리했다.

건강한 관계를 위해 적당한 '거리 두기'를 해도 아이의 버릇없는 태도 때문에 화가 참을 수 없이 치밀 때가 있다. 차분히 대화를 이어 가려 해도 도저히 감정 조절이 안 된다. 말투가 거칠어지고 표정이 굳어진다. 그럴 때에는 속으로 기도해도 안 되고, 배워 둔 대화법을 적용하려 애써도 소용없다. 벌컥 화를 내고 돌아서면 후회가 몰려든다. '아이에게 이토록 분노하다니.' '그 순간을 못 참고 짜증내고 말다니.' '나는 아직 신앙이 너무 약한가 봐.' '나는 인격적으로 결함이 있는 것 같아.' '나는 교사가 될 자격이 없어.'

자책하지 말라. 그런 상황에서 당신이 평정심을 잃는 이유는 신앙이 약해서도, 인격 수양이 덜 되어서도 아니다. 예측 못한 상황 속에서 깜짝 놀란 몸이 반응하는 것이다. 심장이 평소보다 빠르게 뛴다. '화내면 안 돼', '차분하게 대화해야지'

라고 속으로 읊조려도 소용없다. 이미 빨리 뛰기 시작한 심장은 당신의 말을 듣지 못한다. 그럴 때에는 응급환자에게 산소호흡기를 끼우듯 당신은 심장을 위해 '호흡하기'를 해야 한다. 깊은 호흡을 반복하는 동안 심장은 안정을 찾는다. 도무지 제어할 수 없을 것 같던 화가 가라앉는다.

평소에도 '호흡하기'를 연습하면 좋다. 설교를 들을 때, 산책을 할 때, 드라마를 시청할 때, 대화할 때 등 언제든지 깊이 호흡하라. 코로 들숨을, 입으로 날숨을 쉬라. 호흡이 깊어지면 몸이 편안해지고 마음이 차분해진다. 음성에 안정감이 실린다. 어른의 음성이 낮아질수록 아이의 실행력이 높아진다는 연구 자료가 있다. 편안한 몸과 마음을 가진 이의 따듯하고 차분한 음성이 아이들의 마음을 편안하게 한다. 아이들을 쉬게 한다. 아이들의 영혼을 호흡하게 한다.

◎ 달팽이처럼

1. 나는 주로 어떤 상황에서 평정심을 잃게 되나요?
2. 분노와 흥분을 가라앉히고 영혼을 안정시키는 데 도움이 되는 방법은 무엇인가요?
3. 아이들과의 관계에서 평정심을 잃게 되는 문제가 있다면, 서로의 영혼이 호흡할 수 있도록 그 문제를 어떻게 다룰지 정리해 보세요.

> 움직이기 전에, 일하기 전에
> 먼저 호흡할 수 있는 여유가 필요해.
> 긴장 섞인 호흡이 따듯하고
> 편안한 숨결로 돌아오는 시간.

우리 모두 당신에게서 오는 평화를 누리며 살게 하시고, 당신의 도성을 향하여 죄의 바다를 항해할 때 파도에 휩쓸리지 않게 하시며, 성령을 힘입어 끝까지 견디게 하소서.
^ 알렉산드리아의 클레멘트

좋게 보기

우리의 고운 눈길이 아이들로 하여금
하나님 안에서 편하게 머물도록 돕는다.

"아이들한테 제 마음을 들킬까 봐 걱정이에요." 아이들을 참 사랑하시는 한 선생님의 고백이다. 아이들을 볼 때마다 '예배 시간에 늦지 않았으면', '설교에 조금 더 주의를 기울였으면', '찬양할 때 입을 제발 벌렸으면', '기도할 때 눈을 감았으면', '소그룹 활동할 때 대답 좀 했으면', '밝은 표정으로 인사 좀 했으면', '예의를 더 갖추었으면' 좋겠다는 생각이 한시도 떠나지 않는다고 한다. 아이들이 잔소리를 싫어하니 입 밖에는 내지 않지만 그런 생각이 자꾸 들수록 마음이 좋지 않고 속마음을 아이들에게 들킬까 봐 걱정이라고 한다.

손길! 손에는 길이 있다. 부드러운 손길, 부지런한 손길, 따듯한 손길, 그리고 부담스러운 손길도 있다. 눈길! 눈에도 길이 있다. 안 좋은 것을 자주 보다 보면 안 좋은 것만 보이는 쪽으로 길이 난다. 전에는 안 보이던 것도 더 눈에 들어온다. '예배 시간에 휴대폰 문자 확인을 마흔일곱 번이나 하네', '소그룹 시간에 창밖을 열세 번이나 내다보네', '인사 안 하고 간 게 벌써 칠 주째야.' 한편 좋은 것을 자주 보면 좋은 것이 많이 보이는 쪽으로 길이 난다. 좋은 것이 더 많이, 더 자주 눈에 들어온다. 우리가 아이들을 좋게 보면 아이들도 우리의 '바라봄'을 즐거워한다. 그리고 긍정적으로 반응한다.

우리가 천국에 가는 것은 우리가 잘해서가 아니다. 하나님께서 우리를 좋게 보아 주시기 때문이다. 천국 시민으로 보아 주시기 때문이다. 이스라엘 사람들은 하나님의 시선에 기초해 '이스라엘의 원'이라는 가치를 정립한다. 정사각형을 그린다. 그 안에 사각형의 네 면에 닿도록 원을 그린다. 그 원이 사각형 내에서 점유하는 비율은 약 76.5퍼센트다. 이스라엘 사람들은 "계획한 대로 100퍼센트 실행해도 결과의 76.5퍼센트만 통제할 수 있다"고 여기고 이를 생활에 적용한다. 즉 아이가 76점을 받아 오면 부모는 아이가 최선을 다했다고 여긴다. 80, 90점은 은혜이고 60점을 받으면 그다음 단계로 넘어갈 자격이 있다고 여긴다. 이런 개념을 정치, 경제, 교육, 문화,

외교 등 모든 분야에 적용한다.

교사로서 우리가 아이들에게 기대하는 것이 있다. 아이들과 함께하기로 약속한 것이 있다. 완전한 실행을 100으로 보았을 때, 아이들이 60이나 70퍼센트를 실행했으면 100퍼센트 한 것으로 보아 주자. 좋게 보기! 한 시간 예배하는데 20분 지각했으면 정시에 도착한 것으로 보아 주자. 25분 설교 시간에 10분을 졸았으면 졸지 않은 것으로 보아 주자. 성경을 세 장 읽어 오기로 했는데 두 장을 읽어 왔으면 다 읽어 온 것으로 대하자.

하나님께서 당신을 좋게 보신다. 주님의 그 고운 눈길로 당신 스스로를 보라. 스스로를 좋게 볼 때 당신은 평안과 여유를 누릴 수 있다. 당신이 아이들을 고운 눈길로 바라볼 때, 아이들은 조금 더 편안하게 하나님의 손길 아래 머물 것이다.

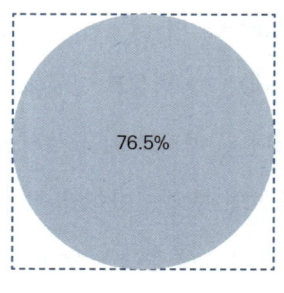

이스라엘의 원

◎ 달팽이처럼

1. 나 자신을 고운 눈길로 보아 주어야 할 부분은 무엇인가요? 자신에게 따뜻한 마음으로 말해 주세요.
2. 고운 눈길로 바라본 아이들 하나하나의 좋은 점, 귀한 점, 아름다운 점을 적어 보세요. 그 마음으로 아이들을 위해 기도해 주세요.

> 고운 눈으로
> 서로를 바라보는 눈길을 통해
> 따뜻함이 자연스레 전해지길.

제 눈과 마음을 열어 주시어 오늘 하루 당신의 평화를 위하여 일하게 하소서.
^ 앨런 패튼

미소 짓기

아이들은 어른들의 표정을 보고
하나님의 이미지를 상상한다.

신학대학원을 졸업하고 교회 연합기관인 NECTAR를 통해 청소년 학원 선교사로 파송받았다. 평일에는 중·고등학교를 탐방하여 기독교사와 학생의 활동을 지원할 수 있는 길을 찾았다. 주일에는 지역교회를 탐방했다. 예배하고 나선 그 교회의 목회자와 교사와 아이들을 만났다. 주일 오후에는 목회자가 소개한 '좋은 선생님'과 차를 한 잔 마시며 대화하는 시간을 가졌다.

선생님을 기다리면서 나는 이런 예상을 했다. '젊고 세련되고 유머 있고 성경에 대한 이해가 깊고 간식 자주 사는 선생님이 나오시겠지.' 내 예상이 틀렸다. 대부분은 뽀글뽀글 파마

머리 아주머니, 지팡이 짚은 할아버지, 촌티 나는 젊은 남성, 발음 새는 직장인 여성, 장애가 있거나 말을 더듬는 분들이 나오셨다. 그분들을 만나고 나선 "아이들이 좋아하고 아이들에게 좋은 영향을 주는 선생님은 이런 분입니다"라고 정형화해서 말할 수 없게 되었다. 조금은 혼란스러웠다.

1년 6개월이 흘러갈 즈음, 문득 그동안 만났던 분들이 내게 이렇게 묻는 것 같았다. "우리에게서 비슷한 점을 발견하셨나요?" '글쎄, 뭐라 딱 꼬집어 말하기가 어렵겠는……' 하다가 문득 마음에 스치는 생각이 있었다. 미소! 그분들은 나와 이야기하는 내내 자연스러운 미소를 머금고 있었다. 미소와 함께 그분들이 들려 주었던 이야기들이 하나둘 조합되기 시작했다. 하나님의 손길 아래서 다스림을 받는 편안함, 나 같은 사람도 구원하고 변화시키시는 하나님께서 아이들을 책임지실 것이라는 확신, 하나님의 손길 아래서 자기답게 온전한 사람으로 자라날 아이들에 대한 기대가 그분들의 미소에 담겨 있었다. 그 미소가 아이들을 편안하게 해주고, 그분들 곁에 다가오게 하고, 그분들의 이야기에 마음과 귀를 열게 해주었던 것이다.

우리의 얼굴에는 80개의 근육이 있다고 한다. 표정을 연구하는 사람들에 의하면, 이 근육들을 조합해서 만들 수 있는 표정이 7천 개에 이른다고 한다. 어머니는 내 얼굴에서 더 많은 표정을 발견하셨던 것 같다. "너는 왜 오만상을 쓰고 다니니?"라고 물으셨던 것을 보면 말이다. 우리 마음의 호수에는 오만 개의 표정이 동동 떠 있다. 우리는 매 순간 그중 하나를 건져서 사용한다. 표정은 자신이 선택하는 것이다. 당신의 마음에 가득한 하나님의 사랑이 표정으로 드러나고 아이들과 좋은 관계를 만드는 데 도움이 되기를 축복한다.

아이들은 어른들의 표정을 통해 하나님의 이미지를 상상하기 시작한다. 당신의 바르고 부드러운 태도와 아름답고 자연스러운 미소를 통해 아이들이 좋으신 하나님을 상상할 수 있기를 축복한다. 당신을 교사로 부르시고 당신을 통해 아이들의 삶의 자리를 살피시고, 아이들에게 영혼의 양식을 공급하시고, 아이들을 자라게 하시는 하나님께서 손발이 척척 맞는 당신을 무척 좋아하신다.

◎ 달팽이처럼

1. 평소에 나는 주로 어떤 표정을 짓고 있나요?
2. 부드러운 태도와 자연스러운 미소로 아이들을 대하기 위해 교사로서 노력해야 할 점은 무엇인가요?
3. 좋으신 하나님의 수많은 모습 중에서 나는 어떤 이미지를 전하는 통로로 쓰임 받고 싶은지 적어 보세요.

> 아이들은 내 표정을 통해
> 하나님의 이미지를 상상한다.
> 아이들의 상상을 돕는 따뜻한 미소.
> 스마일~ ^o^

당신 안에서 언제나 행복하리라는 것을 알기에 이렇게 당신을 믿고 저를 맡겨 드립니다. 오소서, 주님, 오셔서 제 영혼을 위로해 주소서. 제 안에 있는 당신의 사랑을 든든하게 세우시어 머뭇거리지 않게 하소서. ^ 리처드 롤

대화하기

아이들은 교사에게 신뢰감을 느끼면
자기 생각과 느낌을 말하기 시작한다.

교사가 거리 두기, 깊게 호흡하기, 좋게 보기, 미소 짓기를 어느 정도 연습하고 아이들을 대하면 아이들은 존중받는 느낌을 받는다. 그러면서 '이 선생님이라면 내 생각과 느낌을 나눠도 괜찮겠다'라는 생각을 조심스럽게 하게 된다.

이 단계에 이른 아이라 해도 상대방의 사소한 태도나 주변 환경에 영향을 받고 쉽게 움츠러들 수 있다. 마음을 열고 다가서거나 말문을 뗐다가도 '괜히 얘기했어', '다음부턴 절대 안 해' 하며 물러설 때가 많다. 아이가 교사를 막연히 '안전한 사람'으로 느끼는 데서 더 나아가 '신뢰'하기까지 교사는 아이에게 천천히 다가갈 필요가 있다. 좀더 편안하게 대화를 시작할 수 있는 몇 가지 팁을 소개하겠다. 이른바 '손가락으로 말해요'(손가락 대화법)다.

첫째, (엄지손가락을 들면서) "오~!" 아이들이 사춘기에 접어들면 일상적인 대화조차 시작하기가 버거울 수 있다. '이 아이는 왜 그럴까?'라는 생각을 은연중에라도 가지고 다가서면 아이는 그런 마음을 귀신같이 알아채고 더 까칠하게 나온다. 그러니 아이에 대한 판단은 일단 모두 보류하고, 아이를 만나면 무조건 (엄지를 치켜들며) "오~" 하고 감탄부터 해보자. 그런 행동을 아이가 싫어할 것 같으면 속으로 '오~' 하면 된다. 아이가 호응하며 "왜 그러세요?"라고 물으면 "하나님께서 널 만드셨으니까"라고 대답한다.

둘째, (엄지와 검지로 무엇을 집듯이 하며) "이거!" 아이들이 자부하고 자랑스러워 하는 부분을 콕 집어 언급한다. 정확하게 맞아떨어지면 아이들이 은근히 기분 좋아한다. 설령 맞지 않더라도 아이들은 상대방 눈에 비친 자신의 좋은 면에 대해 생각해 보게 된다.

셋째, (세 손가락을 펴면서) "괜찮아!" 아이의 존재 자체를 격려한다. 어른은 어떤 기대를 가지고 아이를 바라보지만 아이 입장에선 그것을 못마땅해 하는 시선으로 받아들일 수 있다. 가정, 교회, 학교, 심지어 학원과 길거리에서도 아이들은 그런 시선을 느낄 때가 많다고 한다. 그래서인지 아이들이 가장 듣고 싶은 말은 "괜찮아!"다.

넷째, (네 손가락을 펴면서) "잘될 거야!"라고 말한다. 복잡한 사회에서 잘사는 법을 가르쳐 주는 사람들의 이야기를 들어 보면 복잡할 때가 많다. 아이들은 그 이야기를 듣다가 그만 마음이 복잡해지고 만다. 결국 '저걸 어떻게 다하지?', '난 안 될 것 같아' 하며 지레 포기한다. 때론 무조건 "잘될 거야" 하며 다가가는 것이 좋다.

다섯째, (다섯 손가락을 모두 펴면서) "난 널 좋아해!"라고 말한다. 대화하기 네 단계에 어느 정도 익숙해진 아이는 문득 당신을 떠올리면서 '뭔가 이야기하고 싶다'는 생각을 하게 된다. 아이에게 신뢰의 대상이 되는 순간이다. 이 단계에 이르면 아이가 어느 날 갑자기 자기 생각과 느낌을 말할지도 모른다. 그러면 일단 "그렇구나!" 하며 아이의 이야기를 듣는 것이 좋다.

오~!   이거!   괜찮아!!   잘될 거야!   난 널 좋아해!

◎ **달팽이처럼**

1. 내가 신뢰하는 사람은 어떤 사람들인가요? 그 이유는 무엇인가요?
2. 아이가 마음 편히 자기 이야기를 들려 줄 수 있는 사람, 즉 아이에게 신뢰받는 사람이 되기 위해 변화되거나 노력해야 할 점은 무엇인가요?

> 존재의 가치를 인정하고 긍정적으로
> 바라볼 때 대화의 문이 열린다.
> 대화! 시시콜콜한 이야기.
> 너의 일상이 궁금해.

예수님, 저를 많은 영혼을 구원으로 이끄는 방편으로 삼아 주시고, 저의 잘못으로 인해 한 영혼이라도 실족하는 일이 없게 해주십시오. ^ 리지외의 테레즈

건강한 토양

교회에 아이들이 남아 있는 이유.
교사의 손으로 가꾼 토양에서 아이들은
깊이 뿌리내리고 건강하게 자라납니다.

교회는 따듯하다

따듯한 공간에 대한 기억이 아이들로 하여금
교회에 머물도록 돕는다.

"좋은 아침이야! 한 주 잘 지냈니?"라는 인사에도 묵묵부답이었다. "어제 무슨 일 있었어? 교회에서 얼굴을 못 봐서 궁금했어"라는 문자도 '읽씹'(읽고도 답장 안 하기)이었다. 1년 동안 그 아이를 지켜보며 교사로서 회의와 갈등이 깊어졌다. 그런데 혼란스러운 마음으로 한 해를 마무리할 즈음 그 아이에게 뜬금없는 고백을 받았다. "늘 챙겨 주셔서 감사했어요."

건강한 공동체를 이루기 위해 꼭 필요한 것이 있다. 그것은 바로 '따듯함'이다. 따듯한 공간은 서로 돌보고 어울리고 관심을 표현하며 우정을 가꿀 때 자연스럽게 만들어진다. 그 공간에는 세대, 성별, 나이, 지역 또는 인종에 따른 구분이 없다. 뛰어난 역량을 가진 전문가나 엄청난 재정이 필요한 것도 아니다. 오순도순, 티격태격, 갈팡질팡하는 관계 속에서 한 가족처럼 뒤엉켜 지내는 동안 그곳은 서서히 따듯한 공간이 되어 간다.

예수님은 '따듯함'을 위해 그럴듯하게 꾸민 공간을 만들거나 어떤 의도와 목적을 이루기 위한 프로그램을 진행하지 않으셨다. 고단한 일상 속에서 피곤에 지친 사람들, 고민과 문제에 시달리는 사람들 곁에 그저 머물러 주셨다. 경쟁과 압박의 두려움과 불안함을 내려놓고 잠시 쉬어 가도 괜찮다고 격려해 주셨다. 자연스러운 은혜의 리듬을 따라 사는 법을 몸소 가르쳐 주셨다. 예수님의 진심 어린 사랑은 한 사람이 사람다운 삶을 회복하며 건강한 존재가 되도록 돕는 따듯한 품이 되었다.

교사는 예수님의 품을 가진 사람들이다. 정체성과 소속감, 비전에 대한 혼란과 불안 속에서 흔들리는 아이들 곁에 기꺼이 머물 줄 아는 따듯한 품을 가진 사람들이다. 세상의 차가운 시선과 냉혹한 평가에 시달려 움츠린 아이들의 몸과 마음을 녹여 주는 따듯한 사람들이다. 반복되는 일상과 맹목적으로 끌려 가는 삶의 흐름을 잠시 돌아볼 여유를 만들어 주는 따듯한 공간 같은 사람들이다.

따뜻한 공간에 대한 경험과 기억이 아이들로 하여금 교회에 머물도록 돕는다. 더 깊은 신앙의 여정을 떠날 수 있도록 격려한다. 한 교사가 조심스럽게 표현한 환대, 정직, 진심, 이해, 수용, 배려와 같은 가치들은 아이들의 가슴에 따뜻한 흔적으로 남아 인생의 가장 외로운 순간을 버텨 내는 힘이 된다. 세상에서 받은 상처와 아픔으로 모든 것을 포기하고 싶은 순간, 신실하신 하나님의 손길을 기대하고 변함없는 예수님의 사랑을 신뢰하는 소망이 되어 준다.

따뜻함은 편안하고 안정된 개인의 삶에서만 만들어지지 않는다. 치열한 상황과 현실 속에서 혼란의 시기를 위태롭게 버티고 있는 사람들의 삶이 어우러져 만들어진다. 교사로서 지금 혼란 속을 걷고 있는 것처럼 느껴진다면, 그것은 우리 공동체가 따뜻함이 살아 움직이는 공간으로 자라고 있다는 증거가 아닐까?

◎ **달팽이처럼**

1. 교회에서 따듯함을 느껴 본 적이 있나요? 그 일을 통해 어떤 영향을 받았나요?
2. 교사로서 아이들에게 만들어 주고 싶은 따듯한 공간이 있다면 무엇인가요?

> 우리가 머무른 자리의 온기는
> 누군가를 버티게 하는 힘이 된다.
> 아이들의 삶의 자리에
> 온기를 남기는 우리가 되길.

제 손발이 요 위에서 쉬듯 제 영혼이 당신 평화 안에서 쉬게 하소서. 제 몸이 이불 안에서 따듯해지듯 제 영혼이 당신의 사랑 안에서 따듯해지게 하소서. ^ 렉스 채프먼

교회는 안전하다

아이들은 기꺼이 곁에 머물러 주는
한 교사를 통해 안전함을 느낀다.

새벽 4시. 휴대폰 문자 알림 소리에 잠이 깼다. "선생님, 너무 힘들어요. 어떻게 해야 할지 몰라서 눈물만 나와요. 기도 좀 해주세요." 나는 놀란 마음을 가라앉히고 문자를 보낸 아이에게 전화를 걸었다. 아이가 울먹이며 전화를 받았다. 우리는 한 시간이 넘게 대화를 이어 갔다. 아무것도 해줄 게 없어 미안해 하는 내게 아이는 이렇게 말했다. "선생님밖에 연락할 사람이 없었어요. 감사해요."

누군가에게 받아들여진다고 느낄 때 우리는 '안전함'을 느낀다. 자녀와 부모, 아내와 남편, 그리고 친구 사이도 인정하고 이해하고 받아들일 때 서로가 서로에게 안전한 공간이 되어 간다. 우리 교사들도 마찬가지다. 한 아이의 존재를 있는 그대로 인정하고 좋은 마음으로 믿고 기다리며 철없는 질문에도 진실하게 대답하려고 애쓰는 교사의 품에서 아이들은 '안전함'을 느낀다. 한 영혼 곁에서 버티고 있어 주는 교사라는 존재 자체가 아이에게 안전한 공간이다.

아이들은 혼자 남겨진 것 같은 외로움과 불안함 속에서 살아간다. 생활 수준은 높아졌는지 몰라도 마음의 여유는 줄어들었다. 더 새로운 것을 소유할 수 있다는 기대감에 흥분하지만 정작 소중한 무언가를 잃어버린 것 같은 공허함에 불안해 한다. 휴대폰에 저장된 전화번호는 늘어나지만 고민과 문제를 마음 편히 나눌 사람을 찾기가 쉽지 않다. 행복한 미래와 성공하는 삶으로 가는 법을 가르쳐 주겠다고 목소리를 높이는 사람은 많지만, 기꺼이 내 삶으로 들어와 함께 돕고 버텨 주겠다는 사람은 나타나지 않는다. 이들에게 필요한 것은 곁에서 함께 버텨 줄 한 사람, 안전한 공간이 되어 줄 한 명의 교사다.

"삭개오야, 어서 내려오렴. 오늘은 내가 너희 집에서 머물러야겠다"는 예수님의 말씀에 삭개오는 믿을 수 없는 행복을 경험했다(눅 19:1-10). 사기꾼이라고 손가락질하는 사람들 틈바구니에서 홀로 외로움과 불안함을 견뎌야 했던 그에게 예수님의 한마디는 경직된 마음과 삶의 무게를 내려놓을 수 있는 안전한 공간을 만들어 주었다.

  우리 아이들은 기꺼이 자기 곁에 머물러 주는 한 명의 교사, 자기 삶 속으로 들어와 함께 뒹굴 수 있는 교회 공동체 안에서 안전함을 느낀다. 이름을 불러 주고 반갑게 인사하고 진심으로 격려하고 관심과 사랑으로 질문하는 교사가 나를 품어 주는 안전한 공간임을 알게 된다. 아이들은 그 안에서 지친 마음과 홀로 짊어진 문제를 조심스럽게 내려놓는다. 겉으로 표현하지는 않지만, 오늘도 우리 아이들이 자기 삶의 자리를 넉넉히 살아낼 수 있는 이유는 바로 한 영혼 곁에서 버티며 안전한 공간이 되어 주는 교사들이 있기 때문이다.

◎ 달팽이처럼

1. 살아오면서 내 곁에 기꺼이 머물러 준 사람은 누구였나요? 그 경험이 지금의 내가 있기까지 어떤 영향을 주었나요?
2. 아이들 곁에서 함께 버티는 안전한 공간이 되기 위해 교사로서 할 수 있는 일은 무엇인가요?

> 아이들에게 안전한 피난처, 비빌 언덕,
> 기댈 수 있는 나무가 되기를.
> 네가 버틸 수 있도록 나도 버틸게.

당신의 바람 안에서, 당신의 빛 안에서 다른 모든 것이 얼마나 하찮고 우리는 또 얼마나 작은지요. 당신의 바람 안에, 당신의 빛 안에, 거기 머무르는 우리는 또 얼마나 행복한지요! ^다그 함마르셸드

우리를 소중히 여긴다

가정과 교회가 함께 아이를 양육할 때,
아이들은 자신을 소중한 존재로 느낀다.

"선생님, 신앙 안에서 우리 아이를 잘 돌봐 주셔서 정말 고맙습니다." 복도에서 마주친 여자 집사님의 갑작스러운 인사에 살짝 당황했다. 집사님은 이렇게 덧붙였다. "지난주에 아이에게 감사카드를 받았어요. 평소 자기 마음을 잘 표현하지 않는 아이인데, 얼마나 큰 위로와 격려가 되었는지 몰라요." 아이들만큼이나 혼란스러운 삶을 살고 있는 부모도 소중한 분들이다.

아이들은 교사에게 소중한 존재다. 교사는 사랑과 관심으로 그들을 보살핀다. 더 맛있는 음식을 먹이고, 더 좋은 것을 주고 싶어서 고민한다. 아이들을 위해 가족처럼 마음을 쓰고 부모처럼 헌신한다. 그만큼 아이들은 교사에게 소중한 존재이고 교사의 영향을 받는다. 그럼에도 아이들의 건강한 신앙 형성에 여전히 부모와 가정이 가장 큰 영향을 준다는 점을 부정할 수 없다. 가정을 제외한 채 건강한 신앙 교육을 한다는 건 불가능하다. 그러므로 교사는 아이뿐 아니라 그 아이의 부모와 가정에도 마음을 들이고 시선을 마주쳐야 한다. 아이들을 소중히 여긴다는 것은 그들의 가정까지 품는다는 뜻이다.

마음을 들인다는 것은 가정의 아픔과 상처를 함께 고민하고 공감하며 가정의 영적 토양을 가꿔 간다는 뜻이다. 교사로서 신앙 교육을 시킬 수 있는 어떤 방법이나 문제 해결을 위한 답을 주는 것보다 중요한 것이 있다. 그것은 가정이 아이의 건강한 영적 성장을 돕는 토양이라는 점을 인지하도록 돕는 것이다. 그것만으로도 충분하다. 시선을 마주친다는 것은 교사와 가정이 서로의 한계를 극복하기 위해 끊임없이 소통한다는 뜻이다. 교사와 가정이 건강하게 돕고 협력하는 관계가 형성된 토양에서 자란 아이들은 자신이 얼마나 소중한 존재인지 느낀다. 자신의 성장을 진심으로 돕고 싶어 하는 교회와 가정을 신뢰하게 된다.

한 아버지가 죽어가는 딸을 살리려고 예수님과 함께 집으로 향하던 길에 절망적인 소식을 전해 듣는다. "따님이 죽었습니다." 황망하고 비통해 하는 아버지에게 예수님은 단호하고 확신 있는 목소리로 말씀하신다. "두려워하지 말고 믿기만 하라"(막 5:36). 예수님은 먼저 딸을 잃은 아버지의 마음을 헤아리고 그 무너진 마음을 어루만져 주셨다. "너희가 어찌하여 떠들며 우느냐. 이 아이가 죽은 것이 아니라 잔다"(5:39). 그리고 아버지의 눈물이 스며든 땅위를 죽은 줄 알았던 딸이 살아나 다시 밟는 기적을 베푸셨다.

한 아이의 생명이 살아나기 위해서는 교사와 부모, 교회와 가정이 힘을 모아야 한다. 아이의 건강한 영적 성장을 위한 토양을 가꾸는 일은 한쪽의 힘만으로는 불가능하다. 교사와 부모, 교회와 가정이 대화하고 마음을 나눌 때, 건강한 영적 토양을 가꿀 수 있는 리듬이 만들어진다. 가정과 부모의 헌신적인 사랑과 교회와 교사의 희생적인 섬김이 자연스럽게 조화를 이루는 리듬 속에서 아이들은 자신이 소중한 존재라는 것을 마음 깊이 느낀다.

◎ **달팽이처럼**

1. 현재 아이들을 품기 위해 가정과 어떻게 마음을 나누고 교류하고 있나요?
2. 아이들뿐 아니라 가정의 아픔까지 공감하고 품기 위해 나와 우리 부서에서 어떤 노력을 할 수 있을까요?

> 소중히 여긴다는 건
> 마음을 담아 시선을 마주치는 것

우리의 흩어진 마음들을 수습하시어 우리를 괴롭히는 온갖 어지럽고 사악한 생각들을 제하여 주시고, 그리하여 우리에게 베푸시는 당신의 무한 자비와 은총에만 마음을 모을 수 있도록 해주십시오. ^칼 바르트

메시지가 복음적이다

아이들은 예수님의 이야기를 들으며
자연스럽게 예수님을 삶의 중심에 모신다.

"위기를 넘길 수 있도록 도와주세요", "주님을 닮아 가며 살도록 도와주세요", "괴로워하는 제 친구를 도와주세요", "방해를 물리치고 하나님께 예배할 수 있게 해주세요", "뒤처지지 않도록 도와주세요", "나를 찾을 수 있도록 도와주세요"…… 예수님 중심의 삶을 지키기 위해 간절히 부르짖는 우리 아이들의 기도다.

교회학교 선생님들은 자기 에너지와 역량을 넘어서는 수고와 헌신을 쏟아 부으면서도 혹여 아이들에게 부족한 모습을 보이지는 않을까 염려한다. 자기 한몸 챙기기도 버겁고 일상에서 받는 스트레스만으로도 숨막히는데 오늘도 교사의 자리를 지키고 있는 이유는 바로 '예수님' 때문이다. 나를 무조건 사랑해 주시고 도우시고 늘 곁에 머물러 주시는 예수님의 그 사랑 때문이다. 내 삶의 중심에 계시는 예수님께서 지금 이곳에 내가 여전히 서 있을 수 있도록 나를 붙잡아 주고 계신다.

우리 아이들의 삶의 중심에도 예수님이 계신다. 아이들에게 예수님에 관한 이야기를 들려 주면 그들의 시선은 예수님께로 향한다. 자신이 예수님의 돌아가심으로 용서받은 사람이며, 예수님의 다시 사심으로 영원한 생명과 참된 자유를 얻게 된 존재라는 사실을 인식할 때, 아이들은 예수님과 눈을 맞추는 기쁨을 경험한다.

하나님께서 하나뿐인 아들을 이 땅에 보내신 이야기에는 아무도 멸망하지 않기를 간절히 바라시는 그분의 마음이 담겨 있다. 그 아들을 바라보는 사람, 그 아들을 믿고 기다리는 사람마다 참사랑을 주어 고단한 일상에도 임하는 아름다운 하나님 나라를 경험하며 살게 하시겠다는 약속이 새겨져 있다. 하나님은 삶의 중심에 예수님을 모시고 사는 교사들을 통해 그 약속을 성취하신다.

우리 아이들도 교사들의 부족함을 잘 알고 있다. 때로는 흔들리고 실수한다는 것도 눈치채고 있다. 창의적이지 않다는 것, 노련하지 못하다는 것, 성경 지식도 별로 내세울 게 없다는 것을 이미 파악하고 있다. 그러나 자신의 불완전함을 고백하며 겸손히 주님 앞에 엎드린 교사의 모습 속에서 아이들은 그를 붙잡고 계신 예수 그리스도를 만난다.

때때로 지식과 논리로 속시원하게 설명하지는 못해도 예수님 한 분만으로 행복해 하는 교사의 삶을 보며 아이들은 예수님 중심의 삶에 관심을 갖는다. 한 명의 교사가 성실하고 진실하게 예수님과 함께 가꿔 가는 영적 토양 안에서 아이들은 예수님의 이야기를 들으며 자연스럽게 예수님을 자기 삶의 중심에 모시게 된다.

◎ **달팽이처럼**

1. 내 안에 계시는 예수님을 아이들에게 한마디로 표현해 보세요.
2. 예수님 중심의 삶을 어떻게 가꿔 가고 있나요, 혹은 가꿔 갈 수 있을까요?
3. 아이들이 자연스럽게 신앙 이야기를 나누도록 돕기 위해 어떤 공간과 기회, 모임을 만들 수 있을까요?

> 지식도, 기술도, 능력도 아닌
> 내 삶의 모습을 통해
> 아이들은 예수님을 느낀다.
> 진짜배기는 예수님!!

예수님, 당신을 생각만 해도 이렇게 달콤합니다. 당신은 제 가슴을 기쁨으로 가득 채우십니다. 어떤 말로도 당신의 사랑이 주는 기쁨을 표현할 수 없습니다. 몸소 당신의 사랑을 맛본 사람만이 그것을 알 수 있겠지요. ^ 베르나르 드 클레르보

교회가 이웃을 위해 존재하다

한 사람을 소중히 여기는 교사를 통해
아이들은 이웃을 위해 존재하는 삶을 배운다.

이웃과 지역사회를 위해 헌신하는 한 교회 목회자가 이야기했다. "우리는 교회와 세상, 교회와 사회의 필요와 역할을 구분하지 않습니다. 우리는 이 지역사회 전체가 잘사는 것을 보길 원하며, 그런 일이 일어날 수 있도록 만드는 일이라면 무엇이든 실천합니다."

교사는 아이들에게 이웃을 사랑하는 삶의 가치를 경험하게 하는 존재다. 아이들은 관심과 사랑을 보여 주는 교사를 통해 이웃 사랑의 소중함을 깨닫는다. 자기 곁을 지켜 주는 교사를 통해 이웃과 함께 어울려 살아가는 법을 배운다. 주변 사람들의 필요를 살피는 시력과 그들의 목소리에 귀 기울이는 청력을 갖게 된다.

아무런 대가 없이 헌신하는 교사들을 보면서 아이들은 이웃을 사랑하는 삶의 의미와 중요성에 관해 질문한다. 이른 시간에 교회에 나와 예배를 준비하는 교사의 모습에서, 별다른 이유 없이 밥 한번 먹자고 부탁하는 교사의 표정에서, 어린아이일지라도 교회의 한 지체로 인정하고 존중하는 교사의 태도에서 아이들은 이웃을 사랑하는 삶의 가치를 배우고 경험한다.

가장 중요한 계명이 무엇이냐고 묻는 율법학자의 질문에 예수님은 "하나님을 사랑하고 이웃을 사랑하는 것"이라고 대답하셨다(마 22:34-40, 막 12:28-34, 눅 10:25-28). 하나님을 사랑하는 그리스도인들은 이웃을 사랑하지 않을 수 없으며, 이웃을 사랑하며 사는 삶이 곧 하나님을 사랑하는 삶임을 말씀해 주신 것이다. 하나님을 사랑하는 사람들, 예수님을 구주로 고백하는 사람들의 모임인 교회는 좋은 이웃으로 살아가고자 다짐한 개인이자 공동체라고 할 수 있다.

오늘날 이기주의와 개인주의라는 부정적인 문화의 흐름을 바꿀 수 있는 유일한 방법은, 교회가 이웃과 공동체를 중요하게 여기는 긍정적인 문화를 더 많이 창조하는 것이다. 교사가 바로 그 역할을 할 수 있다. 개인 공간에 머무르는 시간이 늘어나고 혼자 사는 삶을 매력적으로 느끼는 문화 속에서 우리 아이들이 이웃을 사랑하고 이웃과 어울려 살아가는 삶의 가치를 느끼고 경험하도록 하는 존재가 바로 교사이기 때문이다.

교회에 새로 온 친구를 정성 다하여 대하는 교사를 보며 아이들은 한 사람을 소중히 여기는 태도를 배운다. 학교에서는 인정받지 못하던 친구를 존중하는 교사를 통해선 상대방을 있는 모습 그대로 바라보는 법을 배운다. 자기 자신보다 아이들의 필요를 더 살피는 교사를 통해선 다른 사람과 마음을 나누며 사는 방법을 깨닫는다. 교회 주변의 가게에서 일하는 분들에게 진심으로 고마움을 표현하는 교사를 통해선 좋은 이웃답게 사는 삶이 무엇인지 생각해 보는 기회를 얻는다.

교사는 굳이 애써서 무엇을 하거나 가르치지 않더라도, 그 존재만으로 아이들에게 교회가 이웃을 위해 존재하는 이유를 깨닫게 해주는 사람들이다.

◎ 달팽이처럼

1. 아이들이나 주변의 이웃과 우정을 쌓기 위해 어떤 일을 하고 있나요?
2. 아이들과 함께 교회 근처의 이웃들과 우정을 쌓을 수 있는 방법을 찾아보세요.

> 아이들의 삶에 관심을 기울이는 교사를 보며 아이들은 이웃을 향해 눈과 귀를 여는 법을 배운다.

저로 하여금 건방지게 우쭐거리거나 악마의 유혹에 걸려 넘어지지 않게 하시고 오히려 흠 없고 온후하고 침착하고 질서 바르게 처신하며 나그네들을 사랑하고 착한 사람들을 아끼고 잘 참고 부드럽고 담대하여 사람들을 제대로 가르칠 수 있게 하소서.
^ 에드워드 벤슨

의미 있는 봉사를 할 수 있다

교회 안에서 의미 있는 역할을 할 때
아이들은 교회와 우정을 쌓아 간다.

"처음엔 정말 정신이 하나도 없었어요. 쉴 새 없이 돌아다니고 장난치는 애들을 데리고 가르친다는 건 말도 안 되는 일이었어요." 초등학생 멘토링 프로그램을 담당했던 중등부 아이가 이야기했다. "그런데 갈수록 가르치는 것에 대한 부담감보다 같이 이야기하고 노는 시간이 행복했어요. 저에겐 평생 잊을 수 없는 경험이에요."

교사는 공간을 창조하는 사람이다. 아이들이 잘하고 좋아하는 것으로 의미 있는 일에 참여할 수 있는 공간, 떠오르는 생각을 손과 발로 경험해 볼 수 있는 공간, 글로 기록된 성경 말씀을 마음과 가슴으로 느낄 수 있는 공간, 예수님의 말씀을 따르는 삶의 의미를 확인할 수 있는 공간, 그리고 가난하고 소외된 사람들을 돕는 삶을 살아가기로 다짐해 볼 수 있는 공간을 마련해 주는 사람이다.

"누가 나의 이웃입니까?"라는 질문에 예수님은 어려움을 당한 사람에게 진심 어린 연민과 용서를 보여 준 사마리아 사람을 소개한다. 그는 원수와도 같은 유대인을, 자기 공동체 밖의 이방인과도 같은 사람을 기꺼이 돕는다. 예수님은 그의 모습 속에서 단순히 선을 행하는 것을 넘어 '복음을 살아 내는' 삶이 무엇인지 가르쳐 주신다.

아이들에겐 교회 안에서 의미 있는 봉사를 할 수 있는 공간이 필요하다. 교회는 그리스도의 몸이고, 나는 이 공동체에 꼭 필요한 존재라는 것을 느끼고 확인할 기회와 공간이 있어야 한다. 예배를 준비하고, 공동체를 위해 봉사하고, 좋은 의견을 제시하고, 크고 작은 일에 참여할 수 있는 공간 속에서 아이들은 교회 안에서 자기 존재와 역할의 의미를 발견할 수 있다.

아이들에게 교회에서 진행되고 있는 봉사를 소개하고 관심 있는 분야에 참여할 수 있도록 도우면 좋겠다. 자기가 좋아하고 잘하는 것으로 교회를 기쁘게 할 수 있는 일, 작은 힘과 정성으로도 교회를 행복하게 할 수 있는 일, 우리 부서에 관심과 애정을 두고 살펴보며 섬길 기회를 마련해 보자. '우리 교회에 내가 필요하구나'라고 느낄 때, 아이들은 교회에 애정을 갖게 되고 자신이 예수 그리스도 몸의 일부분으로서 의미 있는 역할을 하고 있음을 깨닫는다. 그런 경험을 통해 아이들은 하나님 곁을 찾게 되고 교회에 머물게 된다. 그렇게 교회와 우정을 쌓아 간다.

교사가 먼저 '우리 아이들이 교회와 어떻게 우정을 가꿀 수 있을지' 관심을 가져 보면 어떨까? 교회 구석구석을 여유롭게 거닐면서 아이들이 의미 있는 봉사를 할 만한 숨어 있는 공간을 찾아보자.

◎ 달팽이처럼

1. '우리 교회에 내가 필요하구나'라고 느낀 적이 있나요? 있다면 언제인가요?
2. 아이들과 함께 교회 안에서 의미 있는 봉사를 할 수 있는 기회를 찾아보세요.

> 의미 있는 봉사를 통해 아이들은 자기 존재와 가능성을 발견한다. 그러면 삶이 재미있어진다. 자신이 세상에 꼭 필요한 존재라고 느낀다.

도움이 필요한 친구에게 갈 때에도 저는, 당신이 사람을 서로 돕고 위로하고 격려하도록 지으셨음을 생각합니다. 이것이 당신께서 바라시는 일이기에, 당신이 저에게 선물로 주신 우정을 가지고 도움이 필요한 친구를 찾아갑니다. ^ 살레의 프란체스코

건강한 토양

부록

나만 고민하는 게 아니구나!
이 정도면 나도 할 수 있을 것 같은데.
지금, 여기서, 내가 할 수 있는 것부터 해볼까?

이럴 때는 요렇게

망설임이 있었지만 하나님께서 주신 마음을 품고 큰 결단을 하며 올해도 교사를 한다. '우리 반에 어떤 아이들이 배정되었을까?', '올해 우리 반에 어떤 일이 벌어질까?', '첫 인사는 어떻게 하지?', '뭐라고 말을 건네며 맞이할까?'…… 두근거리는 마음을 안고 아이들을 기다린다. 그런데 막상 아이들의 얼굴을 보니 나도 모르게 힘이 빠진다. 인사에 대꾸조차 않는 아이들, 눈도 안 마주치는 아이들, 대답 한마디 없는 아이들, 휴대폰만 들여다보는 아이들. '아, 얘들은 청소년이었지!' 첫 만남을 끝내고 집에 돌아오니 이미 1년 간 교사를 하고 온 느낌이다. '내가 왜 교사를 한다고 했을까?'

매년, 매주 선생님들은 마음을 다잡고 교회에 간다. 하나님께서 주신 부르심이라 생각하며 교사 일을 시작했지만 막상 아이들을 만나는 게 녹록치 않다. 그럼에도 쉽게 포기하지 못한다. 왜일까? 아이들에 대한 사랑이 이미 마음에 자리 잡고 있기 때문이다.

우리 아이들에겐 선생님이 필요하다. 혼란 가운데 어른으로 자라 가는 아이들은 매 순간 자신을 포기하고 있다. 이때 누군가 곁에서 같이 버텨 주는 한 사람만 있으면 아이들은 다시 일어날 수 있다. 나도 나를 포기했는데 옆에서 포기하지 않고 버텨 주는 한 사람, 바로 선생님을 통해 아이들은 하나님에 대한 힌트를 얻는다. 교사는 그렇게 존재 자체로 아이들에게 하나님이 어떤 분인지 힌트를 주는 사람이다.

그러나 막상 아이들을 만나는 현장에서 마음이 답답해질 때가 한두 번이 아니다. 도대체 어디서부터 어떻게 손대야 하는지, 어떻게 다가가야 하는지, 어떻게 양육을 해야 하는지 머릿속이 혼란스럽다. 사실 아이들과 함께하는 것 자체가 혼란이다. 그래서 교사들은 잘 버텨야 한다. "버티는 게 은혜다!"

막막함과 답답함이 지속되면 교사는 해답을 찾고 싶어진

다. '이럴 때는 어떻게 해야 하지?' 답을 찾으러 책을 읽고 세미나에 참석하고 외부 강의를 들어 본다. 이런 것들을 통해 크고 작은 도움을 얻기도 한다. 그러나 기억해야 할 것이 있다. '우리 교회 아이들을 위한 전문가는 바로 나'라는 것이다. 우리 교회의 토양을 가장 잘 알고 있는 사람, 우리 부서 아이들의 삶의 자리와 고민을 가장 가까이서 경험하는 사람, 무엇보다 우리 아이들을 가장 사랑하는 사람, 그가 바로 전문가다. 그리고 그 전문가가 바로 나다!

이제는 우리 교회 아이들을 양육하고 반을 운영하는 과정에서 겪는 문제들을 풀어 갈 구체적이고 실제적인 방법을 서로 나눠 보자. 틀을 갖춘 정답을 찾는 게 아니라 우리 아이들을 양육하는 데 필요한 하나님의 마음과 생각을 나눠 보는 시간이다. 각자 고민하는 문제들을 내어 놓고 목회자와 교사가 함께 나누고 마음과 생각을 모아 길을 찾아가 보자. 정답이 아닌 하나님의 마음과 생각이 담긴 길을!

아이들을 사랑하는 마음으로 양육하면서 부딪히는 여러 문제와 자기 정체성에 대한 교사들의 실제 고민을 예시로 정리해 보았다. 그 밖에 개개인이 가지고 있는 고민이나 함께 나누고 싶은 문제들을 정리해 보면 좋겠다.

태도에 관한 문제

1. 예배를 드리지 못하는 경우(학원, 시험, 부모의 반대 등의 이유로)
2. 예배 때 계속 문자를 주고받거나 휴대폰만 들여다보는 경우
3. 찬양 시간에 팔짱을 끼고 참여하지 않는 경우
4. 예배 시간에 자꾸 드나드는 경우
5. 헌금을 안 하는 경우
6. 수련회와 기타 행사가 재미없고 기대감 없어 안 가겠다고 하는 경우
7. 예배와 소그룹 중 하나에만 참석하는 경우
8. 예배 시간에 학교(학원) 공부나 숙제를 하는 경우
9. 습관적으로 예배에 지각하는 경우

나의 이럴 때는?

-
-
-
-
-

신앙에 관한 문제

1. 하나님이 자기만 사랑하지 않는 것 같다며 아이가 화내는 경우
2. 어릴 적부터 신앙생활을 했으나 사춘기에 들어서면서 믿음에 회의가 생긴 경우
3. 소그룹 시간에 집중하지 못하고 떠들거나 엉뚱한 질문을 하는 경우
4. 죄의식을 별로 느껴 본 적 없는 아이에게 "우리는 죄인이고 회개해야 한다"고 말할 때 아이가 거부감을 느끼는 경우
5. 하나님과 가까워지는 방법을 알고 싶어 하는 경우
6. 믿음에 의문을 던지고 확신이 없어 질문하는 경우
7. 왜 교회에 다녀야 하는지 묻는 경우

나의 이럴 때는?

-
-
-
-
-

관계에 관한 문제

1. 친구가 없거나 불편한 친구 때문에 교회에 안 나오려는 경우
2. 가정의 어려움 때문에 상처받고 위축되어 교회에 잘 적응하지 못하는 경우
3. 이성에게만 관심을 보이고 접근하는 경우
4. 주위 사람들을 외모로 판단하는 경우
5. 부모에게 심한 거부감을 갖고 부정적으로 말하고 반응하는 경우
6. 습관적으로 소통을 거부하는 경우
7. 이성교제를 하다가 좋지 않게 헤어져 교회 출석과 관계 회복에 어려움을 겪는 경우
8. 학년과 성별이 달라서 서로 어색해 하는 경우

나의 이럴 때는?
-
-
-
-

양육에 관한 문제

1. 교사의 전화, 문자 등에 전혀 반응이 없는 경우
2. 교사가 아이들과의 관계 형성 자체에 어려움이 있는 경우
   (무슨 말을 꺼내야 할지 모름)
3. 부모에게 어떻게 전화 심방하고 소통할지 막막한 경우
4. 아이들과 함께하는 시간을 내기 어려운 경우
5. 아이들이 아무 때나 밥이나 간식을 사 달라고 하거나 과다한 물질을 요구하는 경우
6. 훈육과 수용의 때를 구별하기가 쉽지 않은 경우
7. 교회 안에서의 모습과 밖에서의 모습이 다른 경우
8. 아이가 가정, 학교, 교회 등 모든 일에 분노로 가득 찬 경우
9. 과한 애정 표현과 물질 지원이 양육에 오히려 독이 된 경우

나의 이럴 때는?

-
-
-
-
-

아이 개인의 문제

1. 삶에 대한 의욕과 미래에 대한 꿈이 없는 것처럼 보이는 경우
2. 게임, 스마트폰, 인터넷 중독으로 보이는 경우
3. 음주와 흡연 사실을 알게 된 경우
4. 진로에 대해 막연히 두려움을 가지고 있는 경우
5. 노출이 심한 옷을 입고 오는 경우
6. 습관적으로 돈을 빌리고 갚지 않는 경우(수련회비 대납, 친구들 간의 돈 거래)

나의 이럴 때는?

-
-
-
-
-

교사의 정체성에 관한 문제

1. 아이들이 싫어진 경우
2. 목회자의 목회 철학을 이해할 수 없는 경우
3. 교사로서 앎과 삶이 일치하지 못해 좌절감이 드는 경우
4. 아이들과 소통하는 데는 어려움이 없으나 신앙 지도에는 별로 도움이 되지 않는 것 같은 경우
5. 부서 내 교사들과 갈등이 있는 경우
6. 사랑과 관심을 보여도 반응 없는 아이들 때문에 지친 경우

나의 이럴 때는?

-
-
-
-
-

그 밖의 문제

1. 학부모와의 소통이 중요한데 학부모가 적극적인 태도를 보이지 않는 경우
2. 아이들의 문화(신조어)를 이해하기 어려운 경우
3. 아이들이 허심탄회하게 의견을 주고받는 토론 문화를 만들어 가고자 하는 경우
4. 급변하는 세상에서 진리의 말씀을 심어 주기 어려운 경우
5. 교회가 다음세대에 별로 관심을 가지지 않는 경우

나의 이럴 때는?

-
-
-
-
-

마무리하며

내적인 변화와 외적인 문제로 인해 혼란을 겪는 아이들. 그 혼란 가운데 어른이 되어 가는 우리의 소중한 아이들. 나도 나를 포기하고 싶을 때가 많은데 그런 나를 포기하지 않고 내 곁에서 버텨 주는 교사, 부모, 목회자를 통해 아이들은 하나님에 대한 힌트를 얻습니다.

아이들의 혼란은 성장을 위해 하나님께서 디자인하신 것입니다. 그리고 그 소중한 여정에 아이들과 함께할 '한 사람'으로 하나님께서 여러분을 불러 주셨습니다.

"혼란이 진실입니다. 버티는 게 은혜입니다."

주님의 마음으로 다음세대 곁에서 버티는 여러분을 축복합니다.